내가 하고 싶은 일, 작가

이현 글 | 김고은 그림

휴먼어린이

말도 못하게 위대하고
꿈도 못 꾸게 인기 있는
작가가 되는 법

여는 글

작가가 되고 싶은 너에게

안녕!

난 작가야. 이 책의 글을 쓴 사람이지. 책 표지로 돌아가서 작가 이름을 봐.

그래. 내가 바로 이현이란다.

나에 대해 좀 더 알고 싶으면 책날개를 봐. 책에 무슨 날개가 있냐고?

책 표지를 안쪽으로 접어 둔 부분을 책날개라고 해. 보통 책날개에는 작가나 화가를 소개하는 글이 있어.

거봐, 내 말이 맞지?

그렇지만 나는 아직 풋내기 작가야.

'말도 못하게 위대하고 꿈도 못 꾸게 인기 있는 작가'가 되지는 못했어.

만약 그런 방법이 있다면 나야말로 신발을 벗어 귀에 걸고 천 리 길이라도 달려갈 텐데!

"쳇! 자기도 못하는 걸 우리한테 가르쳐 준다고요? 그럼 '말도 못하게 위대하고 꿈도 못 꾸게 인기 있는 작가'가 되는 법을 알려 준다는 건 다 거짓말이에요?"

혹시 지금 이렇게 항의하고 있는 거니? 뭐, 내가 거짓말을 밥 먹듯이 하는 사람인 건 사실이야.

우리 집 주소가 어떻게 되는지 아니? 과장민국 황당시 상상동 구라아파트란다. 오죽하면 내 별명이 '개뻥 도사'겠어. 그렇지만 이번에는 거짓말이 아니야.

사실 나도 아직 '말도 못하게 위대하고 꿈도 못 꾸게 인기 있는 작가'가 되는 법을 잘 몰라. 하지만 그런 방법을 찾기 위한 몇 가지 단서는 알고 있어.

너희와 함께 이야기하다 보면 정말 그런 방법을 찾을 수 있을 것만 같아. 분명 그럴 거야.

그렇다면 우리 서로 축하 인사라도 건네야겠는걸! '놀라운 행운을 거머쥐게 된 걸 축하해!'라고 말이야.

어떤 행운이냐고?

뭐긴 뭐야, '말도 못하게 위대하고 꿈도 못 꾸게 인기 있는 작가'가 되는 법이지.

자, 그럼 이제 같이 출발해 볼까?

차례

여는글 작가가 되고 싶은 너에게 5

1 거짓말을 밥 먹듯 하기

거짓말이라면 나야말로! 14
빠밤! 위대한 작가 갑돌 씨 탄생! 20
거짓말 대회를 열어 볼까? 26

○○○의 거짓말 공책 32
어린이 글짓기 대회 34

2 자나 깨나 두 눈 부릅뜨기

프라이데이, 정말 미안해! 40
두 눈 감고 글 쓰는 신기한 작가들 46
왕방울 눈 작가들의 멋진 모험 이야기 51

마법의 펜을 찾아라! 58

3 여기저기 참견하는 버릇 기르기

별일을 다 하셨네! 66

지윤이의 미래 계획표 72
나만의 미래 계획표 74

제멋대로 안경점 76
태초에 '만약'이 있었다! 83

4 태산처럼 무거운 엉덩이 만들기

한국의 어린이 여러분, 안녕하세요! 94
안녕하세요, 로알드 달 선생님! 96
거짓말을 꿰면 목걸이가 된다고? 98
'만약'의 뒤를 밟았더니 결국! 106
내 글이 별로라고? 설마! 116
빠르거나 늦거나 122

5 산더미 같은 돈 펑펑 쓰는 훈련하기

인세 모아 태산 130
나는야, 부자 작가 135

6 왜 쓰는 걸까?

제멋대로 답안지 148
나의 제멋대로 답안지 157
근데, 작가가 대체 뭐지? 158

닫는 글 정말 축하해 160

1

거짓말을
밥 먹듯 하기

참! 그러고 보니 중요한 얘기를 빠트릴 뻔했구나!

아까 책날개에 내가 쓴 책 제목들이 죽 나왔을 텐데, 기억나니? 그 제목들을 꼭 외워 두도록 해.

왜냐고? 그거야 시험에 나올 거니까 그렇지! 내년 대학 입시 국어 영역 8번 문제에 출제될 거야! 해마다 꼭 나올 테니 내 책 제목들만 외워 두면 한 문제는 이미 맞춘 거나 다름없어.

뭐, 내 책 제목이 시험에 나올 리가 있냐고? 지금 뻥치는 거 아니냐고?

참, 나, 원! 사람을 뭘로 보고 그런 소릴 하는 거니? 내가 뻥이나 치고 다닐 사람으로 보이니?

그래, 뭐…… 사실…… 네 말이 맞긴 해. 내 책 제목이 시험에 나올 리 없지. 솔직히 말하자면, 그렇게 많은 사람이 내 책을 사서 읽어 줬으면 해서 한 소리야.

무슨 작가가 시작부터 뻥을 치냐고? 모르시는 말씀!

작가들이란 말이야, 알고 보면 사실 뻥쟁이들이야. 거짓말쟁이에다 허풍쟁이지. 그것도 새빨간 거짓말을 감쪽같이 늘어놓는 사람들이야.

그렇다면 이번에는 네 얘기를 들어 보자. 너는 작가가 어떤 사람이라고 생각해?

작가는 _____
_____

거짓말이라면 나야말로!

이런 상상을 한번 해 볼까?

어느 날 네가 학교에 15분쯤 지각한 거야.

넌 헐레벌떡 운동장을 가로질러, 조용한 복도를 발끝으로 걸어, 살금살금 교실로 다가가겠지. 살그머니 뒷문을 열면, 모두 너를 돌아볼 거야. 아이쿠야! 잔뜩 주눅이 들어서 쭈뼛쭈뼛 교실로 들어가야 하겠지.

그러면 선생님이 너에게 이렇게 물을 거야.

"문필아, 왜 이렇게 늦었니?"

자, 이제 넌 어떤 대답을 할까?

"죄송해요, 선생님. 늦잠 잤어요."

"감기에 걸려서 병원에 다녀왔어요."

넌 이렇게 평범한 대답을 할지도 몰라.

하지만 평범한 옷과 평범한 교실과 평범한 하루하루가 문득 싫증 났다면? 선생님도 매일매일 반복되는 일상이 지겨워 견딜 수 없다는 표정을 짓고 있다면?

넌 좀 특별한 대답을 할 수도 있을 거야.

"학교에 가려고 6층에서 엘리베이터를 탔는데요, 이상한 일이 일어났어요. 6층, 5층, 4층…… 그런데 1층에서도 엘리베이터가 멈추지 않는 거예요. 계속 아래로 내려가더라고요! 지하 1층, 지하 2층, 지하 3층……. 그러더니 지하 6층에서 엘리베이터 문이 벌컥 열렸어요. 그리고는 제 몸이 갑자기 둥실 엘리베이터 밖으로 튕겨 나가지 뭐겠어요! 그런데……."

만약 자상한 선생님이라면 이쯤에서 조용히 타이를 거야.

"이제 그만해라, 문필아. 우리 문필이가 상상력이 뛰어나서 좋긴 하다만, 잘못을 저질렀을 때는 솔직히 인정할 줄도 알아야 하는 거란다."

성미 고약한 선생님이라면 당장 날벼락이 떨어질 거야.

"이 녀석! 지각한 주제에 어디서! 반성을 해도 시원치 않을 판에 뭐 지하 6층이 어쩌고 저째?"

아이고. 넌 아마 된통 혼쭐이 나서 복도로 쫓겨나겠지. 벌 청소를 해야 할지도 모르고, 어쩌면 엄마에게 연락이 갈지도 몰라. 넌 거짓말쟁이에다 허풍쟁이로 단단히 찍히고 말 거야.

그런데 만약, 어떤 작가가 문필이 이야기를 좀 더 짜임새 있게 꾸미고 맛깔스럽게 글로 적는다면 어떻게 될까?

출판사에서는 그 글을 책으로 만들 거야. 솜씨 좋은 화가에게 부탁해서 멋진 그림도 그려 넣겠지. 황당한 거짓말이 재미난 이야기가 되고 멋진 작품이 되는 거야.

작가들은 바로 그렇게 글을 쓰는 거란다.

설마 그렇게 시시할 리가 있냐고? 아냐, 정말이라니까!

너희 혹시 《나니아 연대기》라는 책을 아니? 클라이브 스테이플즈 루이스라는 영국 작가가 쓴 판타지 동화야. 영화로도 만들어져서 크게 인기를 끌었지.

루이스 선생님이 《나니아 연대기》를 어떻게 쓰게 되었는지 한번 들어 볼래?

제2차 세계 대전이 한창이었을 때 영국 런던에도 폭격 피해가 아주 심했대. 그래서 아이들을 시골에 있는 아는 집으로 보내곤 했나 봐. 그때 루이스 선생님 댁에도 아이들 네 명이 피란을 왔어.

생각해 봐. 전쟁 때문에 집을 떠나 낯선 곳으로 오게 된 아이들 마음이 어땠겠니? 두렵기도 하고 외롭기도 했을 거야. 루이스 선생님은 그 아이들을 위로해 주고 싶었겠지.

루이스 선생님은 아이들을 앉혀 놓고 어렸을 때 옷장 안에 들어가 놀았던 이야기를 들려주었대. 그런데 이야기를 듣던 아이 하나가 물었대.

"그 옷장 안에 뭐가 있었는데요?"

자, 루이스 선생님은 뭐라고 대답했을까?

고리타분하거나 무뚝뚝한 사람이라면 이렇게 대답했을 거야.

"옷장 안에 옷이 있지 뭐가 있겠니."

"쥐새끼가 득실거리더라! 그러니 옷장 뒤질 생각은 하지 마!"

그러나 루이스 선생님은 달랐어. 거짓말을 밥 먹듯 하는 사람이었으니까 저도 모르게 이런 이야기가 술술 흘러나온 거지.

"…… 난 옷장 안쪽을 손으로 더듬거렸지. 그런데 계속 가도 옷장 뒷벽에 손이 닿지 않는 거야. 그래서 더 안쪽으로 쭉쭉 들어가다 보니…… 갑자기 발밑에서 뭔가가 뽀드득하고 소리를 내더라고. 깜짝 놀라 바닥을 더듬어 보았어.

그런데…… 그게 뭐였는지 아니? 눈이었어. 그래! 난 눈 덮인 숲 한가운데에 서 있었어. 옷장 안에 눈의 나라가 있었던 거야!"

만약 루이스 선생님이 엉뚱한 이야기를 지어내지 않고 곧이곧대로 사실만 얘기했다면 어떻게 되었을까?

그랬다면 《나니아 연대기》라는 멋진 책은 세상에 나오지 못했을 거야. 루이스 선생님의 그 새빨간 거짓말 실력 덕분에 우리는 환상적인 이야기를 만나게 된 거지.

거봐, 내 말이 맞지?

작가는 새빨간 거짓말쟁이에다 굉장한 허풍쟁이야!

빠밤! 위대한 작가 갑돌 씨 탄생!

사람들은 왜 이런 거짓말을 하기 시작한 걸까? 어쩌다 엉뚱한 일을 상상해서 이야기를 만들게 된 걸까?

최초의 작가 갑돌 씨의 사연을 한번 들어 보자.

옛날 옛날에, 개구리 똥구멍에서 구수한 이야기가 술술 새어 나오고, 지네 발가락에서 별난 이야기가 스멀스멀 기어 나오던 시절의 일이란다.

우리의 갑돌 씨는 무척 속이 상했어. 친구 돌쇠 씨 때문이었지.

돌쇠 씨는 너무도 착하고 성실한 사람이었어. 그런데도 늘 가난하고 힘들게 살았어.

하지만 돌쇠 씨의 동생인 장쇠 씨는 심술쟁이에다 욕심쟁이인데도 하는 일마다 술술 잘 풀렸어. 장쇠 씨가 우산 장사를 시작하면 장마가 들고, 장쇠 씨가 소금 장사를 시작하면 하늘이 맑게 개는 거야.

장쇠 씨는 그렇게 부자가 되었으면서도 형님을 거들떠보지도 않았대. 돌쇠 씨네 아이들이 쫄쫄 굶고 있는데도 그저 나 몰라라 했다는 거야.

갑돌 씨는 그런 돌쇠 씨 형제를 보면서 이렇게 생각했어.

"아이고, 불쌍한 돌쇠! 동생이라는 녀석은 어쩌면 저렇게 고약한지……. 그렇지만 결국에는 착한 사람이 복을 받고 나쁜 사람은 벌을 받을 거야. 암, 언젠가는 그렇게 되고 말걸! 착한 돌쇠야, 기운을 내!"

갑돌 씨가 글을 배운 양반님네였다면 이런 이야기를 좀 더 유식하게 했겠지. 공자 왈 맹자 왈 어려운 문자를 써서 골치 아픈 책을 썼을 거야. 권선징악이라는 둥, 인과응보라는 둥…… 아이고, 재미없고 까다로운 소리들!

다행히 우리의 갑돌 씨는 하늘 천 따 지도 모르는 일자무식이었어. 자신의 답답한 마음을 표현할 길이 없었지. 착한 사람은 복을 받으면 좋겠다는 바람을 어떻게 전달해야 할지 막막했어.

대신 갑돌 씨에게는 남다른 재주가 있었어. 어려서부터 거짓말을 밥 먹듯이 했기 때문에 이야기를 꾸미는 일이라면 자신이 있었거든. 갑돌 씨는 밤잠을 설쳐 가며 이야기를 만들어 내기 시작했어.

옛날 옛날에 전라도 곡성 땅에 흥부와 놀부라는 형제가 있었다.
형 놀부는 타고난 심술쟁이에다 욕심쟁이어서……
어느 날 흥부는 다리가 부러진 제비 한 마리를 구해 주었다.

갑돌 씨의 이야기는 이렇게 시작되었어. 돌쇠 씨와 장쇠 씨 대신 흥부와 놀부가 등장하고 거짓말과 허풍이 좀 보태진 거지.

이야기는 점점 엉뚱한 쪽으로 흘러가기 시작해. 꼬리에 꼬리를 물다 마침내 제비가 물어다 준 박씨에서 금은보화가 쏟아진다는 허풍으로 이어져. 결국은 심술쟁이 놀부가 반성을 하고 착해지는 걸로 끝나지.

사람들은 이 이야기를 듣고 무릎을 치며 말했어.

"그려! 착한 사람은 결국 복을 받는다니께!"

"놀부 고놈 쫄딱 망하는 꼴을 보니 속이 다 시원~~언하다!"

갑돌 씨의 이야기가 사람들의 마음을 움직이고 생각을 깊게 만들어 준 거지. 이야기는 이렇게 놀라운 마술을 부린단다.

그렇지만 갑돌 씨는 그 이야기를 책으로 만들 수 없었어.

왜냐고?

갑돌 씨는 글자를 모르잖아. 게다가 옛날에는 종이가 얼마나 귀했는지 몰라. 책을 만든다고 해도 읽을 사람도 별로 없었어. 이야기는 좋아하지만 글자를 모르는 사람이 많았거든.

그래서 갑돌 씨는 이웃집 언년 씨에게 이야기를 들려주었어. 그 이야기를 들은 언년 씨는 남편인 육갑 씨에게 이야기를 전했고. 이야기는 이렇게 이 사람 저 사람에게 전해지면서 내용이 조금씩 바뀌게 되었어.

갑돌 씨의 이야기는 그렇게 전해지고 전해지고 전해지다 한참 뒤에야 책으로 만들어졌단다. 그 유명한 《흥부전》이 바로 갑돌 씨의 작품인 셈이지.

빠밤! 위대한 작가 갑돌 씨가 이렇게 탄생하게 된 거야. 우리가 잘 아는 《별주부전》이나 《심청전》 같은 옛이야기들은 다 그렇게 생겨난 거란다. 《신데렐라》나 《백설공주》 같은 서양의 옛이야기들도 마찬가지야. 예나 지금이나 거짓말을 밥 먹듯이 하던 사람들은 결국 이야기꾼이 되나 봐. 그런 이야기꾼이 바로 작가인 거야.

거짓말 대회를 열어 볼까?

흠, 흠, 흠! 이쯤에서 내 자랑을 잠시 하자면 말이야, 난 이야기를 써서 상도 몇 개나 받았어. 그중에는 '좋은 어린이책 대상'이라나 뭐라나…… 그런 상도 있었는데, 이름이 좀 거창하지?

다른 상들도 그래. 소설이든 동화든 상은 왜 그렇게 많고, 상 이름은 또 얼마나 거창한지!

가만 생각해 보면 좀 우습다는 생각이 들어.

그 거창한 상들은 결국 '누가 누가 이야기를 잘 지어내나 상'인 셈이잖아. 좀 심하게 말하자면 '누가 누가 거짓말을 잘하나 상'이라고도 할 수 있지.

작가들이 글을 쓰고 있는 모습을 한번 상상해 봐.

얼핏 심각해 보이고 심지어 멋있어 보일지도 모르겠지만, 따지고 보면…… 히히히!

다 큰 어른이 방에 틀어박혀 앉아 어떻게 하면 그럴듯한 거짓말을 만들어 내나 고민하는 거잖아. 허풍을 제대로 치려고 머리를 쥐어짜고 있는 셈이지.

그런 작가들은 아마 어렸을 때부터 유별난 허풍쟁이였을 거야. 거짓말 솜씨가 여간 아니었을걸?

나도 그랬대.

어릴 적 나는 인형들을 죽 앉혀 놓고 말도 안 되는 이야기를 지어내서 들려주곤 했대. 벽을 보고 앉아서 혼자 떠들다가 웃다가 울기도 했다나?

오랜만에 할머니를 만났을 때도 그랬대. 할머니가 나에게 "요즘 엄마랑 아빠랑 자주 싸우냐?"라고 슬쩍 물어보면, 미주알고주알 있는 얘기, 없는 얘기 마구 떠들어 대더라는 거야. 엄마랑 아빠랑 조금 목청 높인 일을 가지고 굉장한 싸움이라도 한 것처럼 부풀리기도 했대.

"그날도 아빠는 양말을 아무렇게나 내던졌어요. 그랬더니 엄마가 그 양말을 아빠한테 집어 던지지 뭐겠어요? 양말은 크게 포물선을 그리며 날아가 아빠 콧잔등에 부닥쳤어요. 아빠는 너무 놀라

입을 딱 벌렸죠. 그 순간 엄마가 나머지 양말 한 짝을 또 던졌는데 그 양말이 글쎄, 아빠 입으로 쏙 들어가 버린 거예요!"

왜 그랬냐고?

"엄마가 아빠한테 양말을 벗으면 제자리에 두라고 말했더니 아빠가 잔소리 좀 그만하라고 투덜거렸어요."라고 사실대로 말하면 도무지 재미가 없잖니. 그래서 사실을 살짝 부풀리고 비틀어서 이야기한 거지.

그런 짓을 하고서 무사했냐고? 그럴 리가 있겠니! 난 엄마한테 눈물이 쏙 빠지도록 혼찌검이 났지.

생각해 보면 너무 안타까워.

그때 엄마가 날 혼내지 않고 내 거짓말 버릇을 격려해 줬더라면 어떻게 되었을까? 거짓말 대회에 나가서 상이라도 받았다면?

난 벌써 오래전에 '말도 못하게 위대하고 꿈도 못 꾸게 인기 있는 작가'가 되었을 거야. 정말 그랬을지도 몰라! 아냐, 진짜 그랬을 거야.

그러니 아이들을 위해 거짓말 대회를 만들면 좋겠어. 이런 대회를 한번 열어 보면 어떨까?

'지각한 이유를 그럴듯하게 잘 꾸며 내기 대회!'

수학이나 과학을 잘하는 아이에게 주는 상은 많은데, 이런 상은 왜 없는 걸까? 독후감을 잘 쓰면 상을 주는데 엉뚱한 이야기를 잘 꾸며 내는 아이에게는 왜 상을 안 주는 거지? 그런 엉뚱한 상상이 이야기가 되고, 이야기가 책이 되는 건데 말이야.

가만, 넌 어때? 오늘은 어떤 거짓말을 했니?

어머, 거짓말을 한 지 벌써 사흘이나 되었다고? 작가가 되겠다면서 그래서야 되겠니?

명심해! 거짓말을 밥 먹듯 하기!

이게 바로 '말도 못하게 위대하고 꿈도 못 꾸게 인기 있는 작가'가 되는 첫 번째 방법이야.

자, 그럼 잠깐 책을 덮고 머릿속으로 너만의 거짓말을 떠올려 봐. 오늘 있었던 일을 하나 꾸며 내는 거야. 책상 서랍에서 느닷없이 두꺼비가 튀어나왔다는 이야기도 좋고, 길 가다 우연히 남의 집 담장을 넘는 남자를 봤다는 이야기도 좋아. 그 어떤 이야기든 다 괜찮아.

뭐, 없던 일을 지어내는 건 별로라고? 그렇다면 이렇게 해 봐. 오늘 하루 동안 가장 인상 깊은 일을 떠올려 봐. 그렇다고 있었던 일을 그대로 말해서는 안 돼. 듣는 사람이 네 이야기에 흠뻑 빠질 수 있도록 재미나게, 실감 나게 이야기를 꾸며야 해.

일의 순서를 바꿀 수도 있고, 사람들의 성격을 바꿀 수도 있어.

재미있는 순간은 부풀리고, 시시한 순간은 지워 버리고 얘기해도 좋아.

그렇게 꾸며 낸 이야기를 엄마나 친구에게 들려주렴. 시치미 뚝 떼고 진짜 있었던 일인 것처럼 말이야. 네가 먼저 웃어 버리거나 주눅 든 표정을 지어서는 곤란해! 가슴을 쫙 펴고 자신 있는 얼굴로 이야기하는 거야. 어때, 할 수 있겠지?

자, 그럼 어서 다녀와!

○○○의 거짓말 공책

말도 못하게 황당하고 꿈도 못 꾸게 기발한 나만의 거짓말을 써 보자!

어린이 글짓기 대회

1등 믿거나 말거나 상
2등 설마 그럴 리가 상
3등 알고도 속지 뭐 상

진짜로 어린이 거짓말 대회를 소개할 수 있다면 얼마나 좋을까?
안타깝게도 아직 이런 대회는 없어. 대신 어린이들을 위한 글짓기 대회는 아주 많단다. 모두 소개할 수 없을 만큼 많고도 많아. 자, 그럼 대표적인 글짓기 대회를 골라서 소개해 볼게.
그걸 어떻게 다 알 수 있냐고?
걱정하지 마! 어떤 대회가 열리는지 알려 주는 사이트가 있어.
그중 하나를 소개할게.
www.ilovecontest.com/munhak

대회 이름	주최	응모 시기	홈페이지
김수영 청소년문학상	김수영문학관	7월경	http://kimsuyoung.dobong.go.kr
초등학생을 위한 역사 글쓰기 대회	사계절출판사	11월경	http://www.sakyejul.co.kr
오대산 전국학생백일장	월정사	10월경	http://www.woljeongsa.org
우수환경도서 독후감 공모	환경부	6월경	http://library.me.go.kr/bookcontest
문학공감 스토리텔링 공모전	한국문화예술위원회	6월경	http://munjang.or.kr
한일교류 작문 콘테스트	주일한국대사관 한국문화원	9월경	http://www.koreanculture.jp/korea
대한민국 독도 문예대전	독도재단·영남일보	8월경	http://www.koreadokdo.or.kr
이화씨드 청소년 문학작품 공모전	이화씨드(이화여자대학교 조형예술대학 미술교육봉사동아리)	6월경	ewhaseeds@gmail.com
백범 겨레사랑 백일장	백범문화재단	6월경	http://kimgu.or.kr

이 밖에도 정말 다양한 글짓기 대회가 있어.

너도 한번 참가해 볼래? 만약 상을 받으면 나한테 꼭 연락해 줘. 큰 박수로 축하해 줄게. 만약 떨어지면 어떡하냐고? 그래도 나한테 연락해 줘. 너의 멋진 글을 뽑지 않은 심사 위원 흉이나 같이 보자고. 좋지?

2

자나 깨나
두 눈 부릅뜨기

짠~짜잔! 잠깐 퀴~즈!

'프라이데이'가 누구인지 아는 사람 손들어 볼래?

아니, 아니. 프라이데이가 영어로 금요일이라는 건 나도 알아. 프라이데이의 뜻을 묻는 게 아니야. 그런 이름을 가진 사람이 누구인지를 묻는 거야.

잘 모르겠다고? 그래도 한번 맞춰 봐.

너무 어렵다고? 좋아, 그럼 내가 힌트를 줄게.

프라이데이는 어떤 소설에 나오는 인물이야. 소설이지만 아이들도 무척 좋아하는 이야기지. 어떤 남자가 배를 타고 바다를 건너다가 난파를 당해 무인도에…….

그래, 맞아! 《로빈슨 크루소》!

무인도에 표류한 로빈슨 크루소와 그의 하인 프라이데이의 이야기지. 정말 흥미진진한 모험 이야기야. 그 소설을 읽고 있노라면 나도 한번 무인도에서 살아 보고 싶다는 생각이 들더라.

무인도에서라면 혼자만의 평화로운 나날을 보낼 것만 같지 않니? 성적표도, 시험도, 숙제도 없고……. 엄마 잔소리도, 선생님의 호통도 모두 사라진 고요한 섬…… 상상만 해도 몸과 마음이 나른해지네.

그런데 정말 그럴까? 무인도에서라면 진짜로 세상과 담을 쌓고

나만의 세상을 만들 수 있을까? 소설이나 동화는 현실의 골치 아픈 일들과는 상관없는 세상일까?

　《로빈슨 크루소》 이야기를 잘 들여다봐. 《로빈슨 크루소》 이야기는 작가가 꾸며 낸 이야기지만 이 안에는 이 책이 나올 당시의 세상 풍경이 고스란히 들어 있어. 골치 아픈 일들이 이야기 속 무인도까지 끈덕지게 따라온 거지.

　잘 안 보인다고?

　이런 이런, 그래서 내가 이렇게 충고하는 거야.

　자나 깨나 두 눈 부릅뜨기!

　이게 바로 '말도 못하게 위대하고 꿈도 못 꾸게 인기 있는 작가'가 되는 두 번째 방법이란다!

프라이데이, 정말 미안해!

내가 얼마 전에 새로 쓴 동화를 좀 들려줄게.

아직 책으로 나오지 않은 따끈따끈한 원고란다. 작가들은 이런 원고를 아무한테나 보여 주지 않아. 그러니까 너희는 지금부터 아주 특별한 체험을 하는 거란다!

뭐, 귀찮으니까 그냥 하던 이야기나 하라고?

너무해! 그러지 말고 좀 읽어 줘. 너희가 소감을 들려주면 나는 이 원고를 더 좋은 책으로 만들 수 있단 말이야. 알았지?

제목은 〈말도 못하게 똑똑한 아이〉야. 아무튼 이 이야기는 이렇게 시작돼.

어머, 이 이야기가 재미없니? 뭔가 마음에 안 드는 거야?

"쳇! 공부만 잘하면 다예요? 왜 말동이가 일동이 심부름을 해 줘야 해요?"

아! 그래서 화가 난 거구나.

잠깐 잠깐, 내 말 좀 들어 봐. 내가 진짜 이런 이야기를 쓰겠다는 건 아니야. 그냥, 장난삼아 써 봤어.

뭐, 장난이라도 이런 이야기는 불쾌하다고?

그래, 그렇겠구나. 맞는 말이야. 내가 잠시 깜빡했어. 재미난 이야기를 만들 궁리만 하느라 이야기 속에 어떤 생각이 들어 있는지 미처 살피지 못했네.

내가 사과할게. 어휴! 이래서 작가는 자나 깨나 두 눈을 부릅뜨고 있어야 한다니까.

《로빈슨 크루소》 이야기도 마찬가지야.

무인도에 표류한 로빈슨 크루소 아저씨는 흑인인 프라이데이를 하인처럼 막 부려 먹잖아. 물론 로빈슨 크루소 아저씨가 프라이데이의 목숨을 구해 주긴 했지만 그래도 너무 심한 것 같지 않니?

만약 물에 빠진 나를 누군가 구해 줬다고 생각해 봐. 그렇다고 내가 그 사람의 하인이 되어야 한다면, 억울해서 견딜 수 없을 거야. 그렇지?

그런데도 《로빈슨 크루소》 이야기 속에서는 그게 당연한 일처럼 보여.

왜 그럴까?

그건 흑인을 잡아다가 노예로 부려 먹던 그 당시 사회의 모습이 그대로 드러나 있기 때문이야. 다니엘 디포 선생님도 그게 잘못된 일이라는 생각은 미처 하지 못했을 거야. 그래서 작품 속에 그런 생각이 고스란히 나타난 거지.

아, 그러고 보니 프라이데이한테 좀 미안한 생각이 드네.

프라이데이가 부당하게 노예 생활을 하는 것도 모르고 그저 재미있게 읽느라 바빴으니 말이야. 이제라도 사과해야겠다.

프라이데이! 정말 미안해!

그러고 보니 괘씸한 녀석이 또 있네.

하늘을 맘껏 날고 해적보다 싸움을 잘하는…… 그래! 네버랜드의 피터팬!

예전에는 나도 피터팬을 그저 좋아할 뿐이었어. 얼마나 멋지니? 어른들이 없는 섬에서 왕처럼 행동하는…….

그렇지만 곰곰이 생각해 보면, 피터팬은 뭐든 제멋대로야. 웬디는 말썽쟁이 피터팬을 위해 빵을 굽고 청소를 하고 아이들을 돌봐야 했고.

첫! 여자는 왜 책 속에서도 이런 역할을 맡는 거야?

게다가 피터팬이 싸움을 즐기는 건 또 어떻고?

피터팬이 인디언과 싸우고 해적을 무찌르는 것이 동화 속에서는 멋져 보여. 하지만 생각해 보렴. 그런 싸움은 곧 전쟁이잖아. 지금도 전쟁으로 수많은 아이가 죽어 가고 있어. 그런데 그 전쟁을 놀이처럼 즐기다니…….

피터팬 이야기는 다시 읽어도 신나지만 그래도 무조건 박수만 칠 일은 아니다, 그치?

그래서 작가는 거짓말을 지어내고 허풍을 치면서도 정신을 단단히 차려야 한단다. 두 눈 부릅뜨고 세상 돌아가는 이치를 고민해야 하는 거지.

혹시라도 내 이야기 때문에 누군가가 마음을 다쳐서는 곤란하잖아. 또 옳지 않은 생각이 버젓이 돌아다녀서도 안 되는 일이잖아.

내가 만약, 일동이와 말동이 같은 이야기를 쓴다면 너희 모두 다 함께 나에게 이렇게 소리쳐 줘.

"자나 깨나 두 눈 부릅뜨기, 잊으신 거예요?"

아! 하도 부릅뜨고 글을 썼더니 눈이 아파.

잠시 쉬어야겠다.

두 눈 감고 글 쓰는 신기한 작가들

　인터넷 서핑이나 좀 해 볼까? 일단 이메일을 확인하고…… 흠, 온통 스팸 메일이잖아. 쳇!

　이번에는 뉴스를 살펴볼까? 어떤 뉴스가 재미있을까…… 그래, 역시 연예계 소식이 가장 흥미롭지. 어머! 강마른 양과 왕눈큰 군이 열애 중이라고? 어머, 어머, 내 그럴 줄 알았어. 그 드라마에 나올 때 눈빛이 예사롭지 않더라니…….

　맙소사! 얼짱에 몸짱에 살인 미소의 주인공 안소남 군이 군대에 가지 않으려고 치사한 방법을? 뭐라고 인터뷰했는지 봐야겠군!

　"죄송합니다. 그동안 저를 사랑해 주신 팬 여러분께 뭐라고 사과를 드려야 할지 모르겠군요. 특히 청소년 여러분에게 부끄럽습니다. 공인으로서 무책임한 일을 저질렀습니다."

아유, 잘생긴 안소남 군이 눈물을 글썽이니 내 마음까지 아파 오네. 그냥 다 용서해 주고 싶어지는걸! 훌쩍!

그렇지만 이건 그렇게 간단히 말해 버릴 일이 아니야. 안소남 군은 보통 사람들보다 더 조심스럽게 행동했어야 해. 왜냐하면 안소남 군은 '공인'이잖아. 안소남 군이 하는 말과 행동은 많은 사람에게 영향을 끼친다는 얘기야. 연예인들은 많은 주목을 받는 만큼, 보다 조심스럽게 행동할 필요가 있어.

사실 작가들도 연예인이나 마찬가지야. 미모가 연예인 수준이냐고? 물론 나야 그렇지. 하지만 다른 작가들은…… 글쎄, 흠, 흠!

아무튼 작가들도 연예인이나 마찬가지라는 건 외모 이야기가 아니야. 자신의 말과 행동에 책임을 져야 하는 공인이라는 점이 연예인과 비슷하다는 뜻이야.

너희 혹시 이광수라는 작가를 아니? 지금은 잘 모를 테지만, 중학교나 고등학교에 가면 배우게 될 거야.

이광수 선생님은 우리나라가 일본의 지배를 받았던 일제 강점기에 활동한 작가야. 우리나라의 대표적인 소설가 가운데 한 사람이지. 이광수 선생님의 작품은 큰 인기를 끌었고 많은 칭찬을 받았어. 그 당시에는 위대하고 인기 있는 작가였던 셈이야.

당연히 팬도 많았어. 많은 사람이 이광수 선생님의 이야기에 영향을 받았어. 일본인들은 이렇게 생각했지.

"이광수 상을 꾀어서 조선 사람들을 꼬드기도록 합시므니다! 이광수 상이 일본 군대에 스스로 입대하라면, 조선 젊은이들은 그 말에 따를 것이므니다. 일본이 위대하다고 하면, 그 말도 믿을 것이므니다! 글은 참으로 무섭고도 센 것이므니다!"

일본인들은 이광수 선생님을 꼬드기기 시작했어. 그래서 어떻게 되었냐고?

조선의 학도여

이광수

그대는 벌써 지원하였는가,
-특별지원병*을-
내일 지원하려는가
-특별지원병을-

공부야 언제나 못하리
다른 일이야 이따가도 하지마는
전쟁은 당장이로세
만사는 승리를 얻은 다음날 일.
승패의 결정은 지금으로부터.
시각이 바쁜지라 학교도 쉬네.
한 사람도 아쉬운지라 그대도 부르시네.

• 특별지원병
일제는 특별지원병이라는 이름으로 14세에서 18세의 소년들까지 군대에 동원하려 했다. 당시 우리나라의 많은 작가가 소년병에 지원하라는 뜻의 글을 써서 일제를 도왔다. 결국 1943년까지 소년병을 포함한 1만 7664명의 조선인이 전쟁터로 끌려 나갔다.

안타깝게도 이광수 선생님은 일본인들의 꼬임에 홀딱 넘어가 일본을 위한 글을 썼어.

일본 군대에 들어가 일본을 위해 싸우라고 어린 학생들을 부추기는 시도 쓴 거야. 일본 천황을 찬양하는 글도 썼어. 일본이 일으킨 전쟁이 위대한 일이라는 듯 말하기도 했지. 그 대가로 식민지 시절에도 풍족하게 살았어. 저 혼자만 잘 먹고 잘 살았다고 할 수 있지. 쳇!

이광수 선생님뿐만이 아니야. 그 당시의 많은 작가들이 양심을 속이고 일본을 돕는 글을 썼어.

그런 작가들은 아마도 두 눈을 꼭 감고 있었나 봐. 두 눈을 부릅뜨고 자신과 이웃을 살펴봤다면, 부끄러워서 차마 그런 글을 쓸 수 없었겠지.

그러니 '말도 못하게 위대하고 꿈도 못 꾸게 인기 있는 작가'가 되기 위해서는 이게 중요하다는 거야.

자나 깨나 두 눈 부릅뜨기!

어때? 왕방울 눈 작가가 될 준비가 되었니?

왕방울 눈 작가들의 멋진 모험 이야기

백문이 불여일견이라는 말 알지? 그래, 한 번 보는 것이 백 번 듣는 것보다 낫다! '말도 못하게 위대하고 꿈도 못 꾸게 인기 있는 작가'들의 왕방울 눈을 직접 보여 줄게. 이 사람들은 일본 식민지 시대에 '미스터 큰 눈'으로 뽑힌 작가들이야. 정말 눈이 크지 않니?

윤동주(1917~1945)
20세기 최고의 꽃미남 시인. 〈서시〉, 〈하늘과 바람과 별과 시〉 등 시인의 모습처럼 아름다운 시를 남겼다. 일본 제국주의에 협조하지 않았다는 죄목으로 일본 규슈 후쿠오카 형무소에 갇혔다가 스물아홉의 나이로 숨졌다.

뭐라고? 조그맣다고? 사진이 흐려서 안 보인다고? 하하하! 그럴 수도 있겠다. 그렇지만 책을 조금 멀리 떼어 놓고 눈을 가느스름하게 뜬 채 작가의 마음을 들여다봐. 마음 한가운데에 있는 두 개의 왕방울 눈이 보이지 않니? 그래도 잘 안 보인다고?

그럼, 이 작가는 어때?

이육사(1904~1944)
독립군 간부 학교를 졸업하고 중국과 조선을 오가며 무시무시한 독립운동을 하면서 〈청포도〉와 같이 아름다운 시를 남겼다. 윤동주만큼 꽃미남은 아니지만 눈 크기로 따지자면 결코 뒤지지 않는다.

아래의 작가는 눈이 큰 죄로 18년이나 감옥살이를 했단다. 눈이 크다고 감옥에 가는 게 말이 되냐고? 그러게 말이야. 하지만 그런 일이 버젓이 일어났던 때가 있었어.

김남주(1946~1994)
박정희 대통령 시절, 군인들이 민주주의를 짓밟는 것에 항의하다가 혹독한 고문을 당하고 감옥에 갇혔다. 그러나 큰 눈 부릅뜨고 끝까지 신념을 굽히지 않고 〈조국은 하나다〉, 〈나의 길 나의 씨〉 등의 멋진 시를 남겼다.

눈이 커서 고생한 작가들은 외국에도 있단다. 이 작가의 왕방울 눈을 한번 봐.

에밀 졸라(1840~1902)
19세기 말, 〈목로주점〉, 〈나나〉 등을 발표하며 프랑스 최고의 인기 작가가 되었지만, 약자들의 편에 서서 진실과 정의를 밝히는 길을 걷다가 모든 것을 잃고 망명길에까지 올랐다.

이 사람은 에밀 졸라 선생님이야.

크크크. 왜 웃냐고? 에이, 너도 알면서!

에밀 졸라, 에밀 졸라…… 에밀 졸라……. 에미를 졸라? 어미를 졸라? 아, 그렇다면 엄마를 졸라?

"엄마, 스마트폰 사 줘!"

"엄마, 게임 조금만 더 하게 해 줘!"

어쩐지 세상의 모든 엄마가 에밀 졸라 선생님을 싫어할 것만 같구나.

그렇지만 그런 이름 때문에 졸라 선생님을 우습게 여겨서는 안 되지! 에밀 졸라 선생님은 프랑스의 위대한 소설가이자 세계적으로도 인기 있는 작가야.

졸라 선생님이 유명한 작가로 활약하던 시절에 프랑스에서 엄청난 사건이 벌어졌어. 그 이름도 유명한 드레퓌스 사건!

드레퓌스라는 평범한 군인이 간첩 활동을 했다는 무서운 누명을 쓰면서 사건은 시작되었어. 그런데도 누구 하나 나서서 드레퓌스의 편을 들어주지 않았어. 군인들이나 정치가들의 눈초리가 무서웠거든. 혹시나 간첩을 편들었다는 소리를 들을까 봐 두려웠던 거지.

바로 그때 에밀 졸라 선생님이 신문에 글을 발표했어. 제목은 '나는 고발한다!'였지. 제목부터 멋지지 않니? 졸라 선생님은 이 글에서 약한 사람에게 누명을 씌우는 잘못된 일을 고쳐야 한다고 용감하게 말했어.

그 글 때문에 세상이 발칵 뒤집혔어. 전 세계 사람들이 프랑스에서 벌어지는 사건을 주목하게 된 거야.

마크 트웨인이라는 미국 작가도 에밀 졸라 선생님을 지지하는 글을 발표했지. 그런데도 프랑스 정부는 꿈쩍하지 않았어. 오히려 에밀 졸라 선생님이 그 글 때문에 많은 고초를 겪게 되었지. 그래도 에밀 졸라 선생님은 신념을 굽히지 않고 또다시 글을 발표했어.

훌륭한 작가들은 이렇게 왕방울 눈을 부릅뜨고 진실을 얘기한단다. 어떤 어려움이 있더라도 꿋꿋하게 뜻을 지켜 나가는 거지. 거짓말이나 허풍은 절대 안 돼. 많은 사람의 마음을 움직이는 작가니까 더욱 그래야 하는 거지.

뭐, 아까와는 말이 달라졌다고? 작가는 거짓말쟁이에다 허풍쟁이라고 말하지 않았냐고? 앞뒤가 맞지 않는다고?

그래, 그렇게 생각할 수도 있겠다.

하지만 둘 다 맞는 말이야.

작가는 새빨간 거짓말쟁이에다 못 말리는 허풍쟁이라는 것도 사실이고, 작가는 언제나 진실만을 말하는 사람이라는 것도 사실이야.

작가는 진실한 마음으로 거짓말을 하고 허풍을 쳐야 한다는 얘기란다.

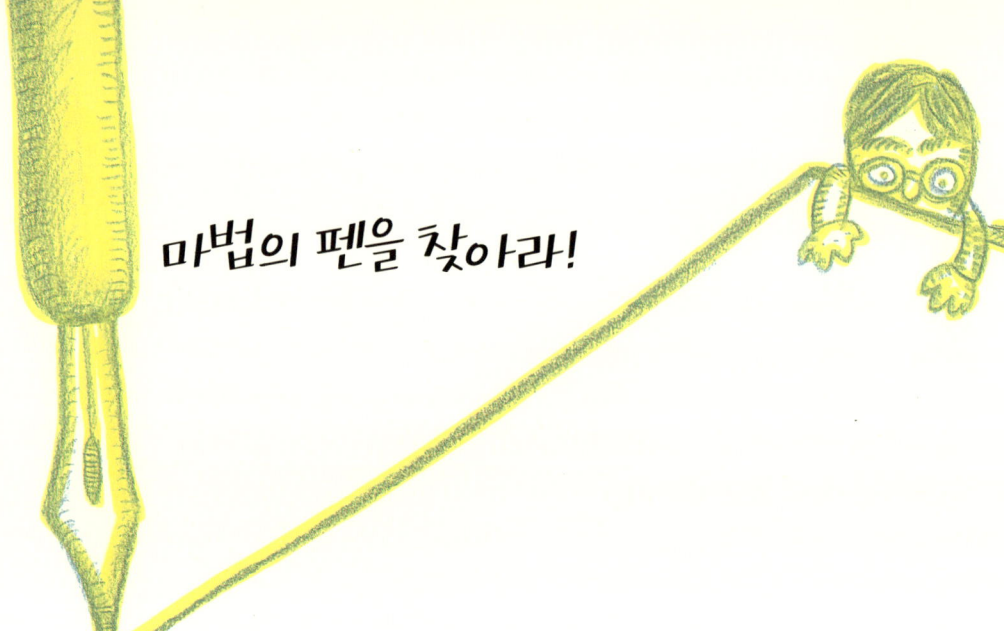

마법의 펜을 찾아라!

　진실한 마음으로 허풍을 치는 작가! 그런 작가들은 마법의 펜을 가졌다고 해도 좋겠어. 세상 무엇보다 놀라운 힘을 가졌지만, 그만큼 어려움을 겪게 하는 펜이지.

　마법의 펜을 가진 작가들은 감옥살이를 하기도 하고, 고문을 당하기도 하고, 심지어 죽임을 당할 뻔하기도 했어. 이런 사건을 '필화 사건'이라고 해. 글 때문에 화를 당했다는 뜻이야.

　조선 중종 시절, 채수라는 사람이 《설공찬전》이라는 소설을 지었어. 설공찬이라는 사람의 혼령이 조카인 설공침의 몸에 들어가 저승 이야기를 들려주는 내용이었어.

　그런데 문제는, 그 저승 이야기가 그 당시의 사회 문제를 은근히 꼬집고 있다는 거였어. 벼슬아치들의 부끄러운 면을 들추기도 하

고, 신분제의 부당함을 꼬집기도 했지.

　결국 그 책 때문에 나라가 발칵 뒤집혔어. 오죽하면 《조선왕조실록》에도 이 사건이 등장할 정도야. 결국 채수를 사형시켜야 한다는 이야기까지 나왔지만 다행히 사형은 면했어. 대신 나라에서 《설공찬전》을 몽땅 불살라 버렸지. 그래서 《설공찬전》은 제목으로만 전해져 내려왔어. 그러다가……

　짜자잔!

　다행히 1990년에 《묵재일기》라는 책의 뒷면에 《설공찬전》이 꼼꼼하게 적혀 있는 게 발견되었단다. 누군가가 《설공찬전》의 운명을 안타깝게 여기고는 그렇게 숨겨 둔 거였어. 덕분에 오늘날 우리는 《설공찬전》을 읽을 수 있게 되었어.

또 〈동물의 사육제〉의 작곡가 까미유 생상스는 《화성과 선율》이라는 책에서 바그너라는 작곡가와 독일 음악을 비판했다가 필화 사건의 주인공이 되었어.

생상스의 공연 날, 바그너의 팬들이 찾아와서 난동을 부리는 바람에 공연이 취소되었거든.

그렇지만 일은 아주 재미있게 풀렸어. 그 사건으로 상심에 잠긴 생상스는 오스트리아의 한 도시에서 쉬고 있었대. 마침 그때가 카니발, 그러니까 사육제 기간이었어.

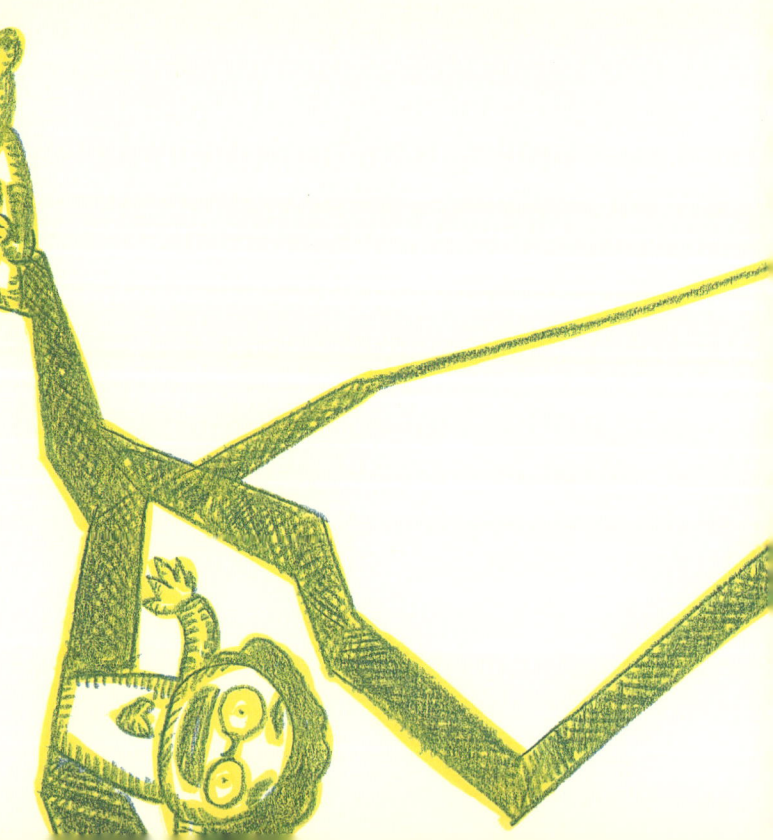

생상스는 그 사육제에 어울리는 음악을 작곡했는데, 그게 바로 유명한 〈동물의 사육제〉야.

아픈 상처 속에서 위대한 작품이 태어난 거지. 이런 작품들은 말도 못하는 고초를 겪었지만 많은 사람에게 감동을 주었어.

당장에는 칼의 힘이 가장 세 보이지만, 결국 펜의 힘을 당해 낼 수 없어. 진실을 새겨 넣는 펜 끝에는 칼보다, 총보다, 폭탄보다 더 강한 힘이 숨어 있거든. 바로 사람의 마음을 움직이는 놀라운 힘이란다.

3

여기저기 참견하는
버릇 기르기

오늘은 문필이를 축하해 줘야겠다! 문필이가 얼마 전에 큰 상을 받았거든. 문필이는 아주 으쓱해졌어. 그동안 학교에서 글짓기 상을 한 번도 못 받아 봤기 때문에 더욱 기분이 좋았지.

게다가 상품은 또 얼마나 어마어마한지! 문화 상품권 30만 원어치에다 책도 한 아름이란다.

"호호호호! 우리 문필이가 수학이나 영어나 사회나 과학이나 체육이나 미술이나 음악은 별로 못하지만 글재주 하나만은 남다르다니까! 글쎄, 전국 어린이 글짓기 대회에서 대상을 탔지 뭐겠어!"

엄마는 하루 종일 전화통을 붙잡고 자랑을 늘어놓았지. 아빠는 핑계 김에 얼큰하게 취해서 들어왔고.

"우하하하하! 우리 아들이 날 닮아서 글을 잘 쓰는구먼! 나도 초등학교 때 글짓기 상을 세 번이나 받았다니까! 오늘 축하주 마시느라 늦었어!"

"쳇! 굼벵이도 구르는 재주가 있다더니, 최문필! 너, 제법이다!"

공부 잘하는 누나는 입술을 비죽거렸지만 제법이라고 인정할 수밖에 없었지.

문필이는 아주 황홀한 기분으로 상장을 들여다보며 결심했어.

"그래, 난 작가가 될 거야!"

문필이는 작가가 되는 법을 찾아보기로 했어. 먼저 엄마에게 묻기로 했지. 그러자 문필이 엄마가 하는 말.

"작가가 되려면 우선, 공부 좀 열심히 해. 문예창작과나 국어국문학과에 가야 해. 좋은 대학에! 그래야 훌륭한 작가가 될 수 있어. 맞다, 너 수학 숙제는 다했어?"

"작가가 되시겠다고? 그럼 일기 숙제부터 좀 하시지. 독서록도 그렇고! 맨날 숙제 안 해서 복도에서 벌서는 동생 때문에 이 누나 체면이 영 말이 아니라는 말씀!"

누나는 기다렸다는 듯 핀잔을 주었고 아빠는 고개를 갸웃거렸대.

"작가? 작가들은 연봉이 얼마나 되지? 벌이가 시원찮을 텐데…… 먹고살 수는 있나?"

뭐야? 작가가 되는 법이 고작 이런 거였어?

지긋지긋한 일기를 맨날 쓰고, 재미없는 독서록도 빠트리지 말고, 수학 숙제도 열심히 하고, 공부까지 잘해야 한다고? 게다가 벌이까지 시원찮다니!

문필이는 갑자기 맥이 빠졌어.

"나 작가 안 할래!"

잔뜩 심통 난 얼굴로 상장을 서랍 깊숙이 쑤셔 넣었어.

오! 안 돼, 문필아. 실망하지 마!

별일을 다 하셨네!

문필이 엄마 말이 사실일까?

지금 일어나서 책꽂이 앞으로 가 봐. 혹시 시간이 난다면 도서관으로 가도 좋아. 도서관이야말로 작가들의 비밀스러운 속삭임이 가득한 곳이니까.

자, 책꽂이에 빼곡한 책들을 보렴.

《강아지똥》,《사자왕 형제의 모험》,《깡통 소년》,《불량한 자전거 여행》,《콩, 너는 죽었다》,《해를 삼킨 아이들》,《걱정쟁이 열세 살》,《찐찐군과 두빵두》,《일기 도서관》,《도토리 사용 설명서》,《짜장면 불어요!》,《해리 포터와 마법사의 돌》…….

이런 책을 쓴 사람들은 어떻게 작가가 된 걸까? 작가들은 정말 독서록을 잘 쓰고 일기를 빠트리지 않았을까? 공부를 열심히 하고 좋은 대학에 가서 국어국문학이나 문예창작을 공부했을까? 그러면 작가가 되는 걸까?

물론 문필이 엄마 말처럼 숙제를 열심히 하고 공부도 잘해서 좋은 대학에 들어가 국어국문학이나 문예창작을 공부한 작가들도 있어. 하지만 그렇지 않은 작가들이 훨씬 많다는 사실!

《클로디아의 비밀》이라는 멋진 가출 이야기를 쓴 E. L. 코닉스버그 선생님은 미국 작가야. 그런데 코닉스버그 선생님이 대학에서 뭘 공부했는지 아니?

바로 화학이야! 코닉스버그 선생님은 문학 대신 과학을 공부했어. 코닉스버그 선생님의 똑 부러지는 문장에는 과학을 공부한 사람의 특성이 아주 잘 나타나 있는 것 같아.

박노해 시인은 노동자였어. 섬유 공장에서 일한 적도 있고, 버스 운전사 생활도 했지. 박노해 시인의 대표적인 시집 《노동의 새벽》도 버스 운전사로 일하면서 틈틈이 쓴 시를 모은 거래.

덕분에 박노해 시인의 시에서는 노동자들의 삶이 아주 사실적으로 느껴진단다. 노동자들의 힘찬 일터, 힘든 마음, 든든한 우정……. 박노해 시인이 노동자가 되는 대신 대학에서 문학을 공부하고 작가가 되었다면 결코 그렇게 생생한 시를 쓸 수 없었을 거야.

아, 맞다! 《쑤우프, 엄마의 이름》이라는 아주 감동적인 동화를 쓴 윅스 선생님은 원래 어떤 일을 하던 사람이었는 줄 아니?

짜잔~ 사라 윅스 선생님은 가수였어. 지금도 가수로 활동하고 있대. 그것도 싱어송라이터! 노래를 직접 작곡하고 작사하고 또 부르기도 하는 가수야. 가수로 활동하면서 멋진 글도 쓰는 거란다.

그래서일까? 사라 윅스 선생님의 작품은 아름다운 노랫말처럼 가슴으로 스며드는 것 같아.

나?

하하하. 나도 이런저런 다양한 일을 했단다.

그중에서도 너희가 아주 부러워할 만한 일을 한 적이 있지.

바로 만화책 대여점!

난 만화책을 아주 좋아하거든. 그래서 내가 좋아하는 만화책을 실컷 보면서 돈도 벌 수 있겠다 싶어 책 대여점을 시작했어. 하지만 쫄딱 망하고 말았지. 흑흑!

그래도 수많은 만화책을 읽고 책을 빌리러 온 아이들과 재미나

게 수다 떨던 그때의 경험은 지금 내가 동화를 쓰는 데에도 큰 도움을 준단다. 아이들이 어떤 이야기를 흥미로워 하는지 알 것 같거든.

예를 하나 들어 볼까?

내가 쓴 동화 《짜장면 불어요!》는 황금반점이라는 중국집에서 일어나는 일이야. 책 속의 황금반점은 바로 내가 했던 책 대여점 바로 옆 중국집을 모델로 한 거란다.

나는 그 중국집에 가서 자주 짜장면을 먹었어. 그러면서 저절로 중국집의 분위기를 알게 된 거지. 덕분에 《짜장면 불어요!》를 쓸 때 중국집을 어떻게 묘사할까 고민할 필요가 없었어. 그때의 중국집을 떠올리면서 자연스럽게 쓸 수 있었어.

만약 내가 선원 생활을 해 보았다면 얼마나 좋을까?

나는 요즘 그런 생각을 하곤 해. 바다를 가로지르는 멋진 모험 이야기를 쓰고 싶은데 아무래도 경험이 부족하거든. 거짓말과 허풍도 중요하지만 생생한 체험 역시 중요하니까 말이야.

알고 보면 다양한 경험을 겪고 난 뒤에 작가가 된 사람들이 훨씬 많단다. 진짜 다들 별일을 다 하셨다니까!

오죽하면 일본 소설가인 무라카미 류 선생님은 작가라는 직업에 대해 이렇게 말했어.

작가는 인간에게 남겨진 최후의 직업이다.

무슨 말이냐고?

의사를 하던 사람도 작가가 될 수 있고, 엄청난 범죄를 저지르고 감옥에 갇힌 사람도 작가가 될 수 있어. 노동자도, 가수도, 학생도, 어린이도…… 누구든 하고 싶은 말이 가슴속에 그득해지면 좋은 글을 써서 작가가 될 수 있다는 뜻이야.

게다가 인생은 한 번뿐인데 한 가지 일만 하면 좀 억울하잖아. 안 그래?

그래서 내가 이런 말을 하는 거야.

'말도 못하게 위대하고 꿈도 못 꾸게 인기 있는 작가'가 되기 위한 세 번째 방법은 바로, 여기저기 참견하는 버릇 기르기!

그렇다면 이쯤에서 너의 미래 계획을 한번 세워 보는 게 어때? 되도록 자신의 특기나 취미를 살릴 수 있는 경험이라면 좋겠지. 너희가 앞으로 해 보고 싶은 일들을 다 적어 봐. 꼭 한 가지가 아니라도 좋아.

어떻게 써야 할지 막막하다고?

그렇다면 지윤이의 글을 한번 읽어 보렴. 그런 다음 너만의 미래 계획표를 한번 써 봐.

나는 커서 훌륭한 작가가 될 것이다.
그런데 작가 말고도 하고 싶은 일이 많기 때문에
작가가 되기 전에 다른 일도 많이 할 것이다.
나는 어른이 되면 우선 스튜어디스가 될 것이다.
할머니 댁에 갈 때 비행기를 타 보았는데,
스튜어디스 언니들은 굉장히 친절하고 예쁘다.
나는 보통 때 친절하다는 말을 자주 듣는 편이다.
그러니까 나의 재능을 살려서 스튜어디스가 되겠다.
또 스튜어디스 언니들처럼 아주 예쁘게 차려입고
여러 나라를 다니는 것도 즐거울 것 같다.

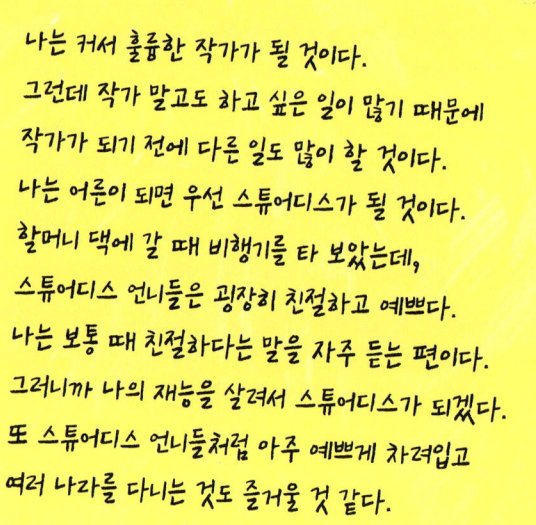

그렇게 스튜어디스로 일하며 돈을 모아서 식당을 차릴 것이다.
나는 요리를 아주 잘하고 좋아하기 때문에 식당 주인을 꼭 해 보고 싶다.
식당 이름은 '흥부 식당'이다. 왜냐하면 나쁜 놀부 이름을 딴 식당은
있는데 착한 흥부 이름을 딴 식당이 없는 것이 안타깝기 때문이다.
음식을 맛있게 만들고 친절하게 대접해서 장사가 잘되는 식당을 만든
다음 나는 그 식당을 다른 사람에게 맡길 것이다. 그러면 그 식당에서
버는 돈의 일부를 내가 가질 수 있을 것이다.
왜냐하면 아무튼 그 식당의 주인은 나이기 때문이다.

지윤이의 미래 계획표

그리고 그때부터 나는 작가가 될 것이다. 작가는 돈을 별로 많이 못 번다고 하는데 나는 '흥부 식당' 주인이기 때문에 돈 걱정은 하지 않아도 될 것이다. 또 나는 그림 그리기를 좋아하니까 내가 쓴 책의 표지나 속 그림도 그릴 것이다.

제멋대로 안경점

"골라! 골라! 마음대로 골라! 이 세상에서 하나뿐인 제멋대로 안경! 인기 작가, 유명 작가, 개성 있는 작가로 만들어 주는 제멋대로 안경!

아, 최문필 군! 어서 오세요! 가만있자…… 문필 군에게는 어떤 안경을 주면 좋을까?

그렇지! 우주 모험 이야기를 쓰고 싶다고 했으니…… 광속 안경이 좋겠군! 이걸 쓰면 말이지, 광속으로 날아가며 세상을 바라볼 수 있거든. 은하계를 가로지르는 모험 이야기를 쓰려면 광속 안경이 제격이지!"

우리의 문필이는 벌써 자기에게 어울리는 안경을 찾은 모양이구

나. 나도 여기서 멋진 안경을 샀단다.

어떤 안경이냐고? 이름하여 삐딱 눈 안경이란다.

그 안경을 쓰고 글을 썼더니 내 글의 어딘가에는 늘 조금씩 삐딱한 의문이 가득해졌어. 여기저기 참견하고 다니면서 세상을 좀 삐딱하게 보는 사람이 되었지.

예를 들어, 한국 최초의 우주인이 탄생했다는 소식을 들어도 난 삐딱한 생각이 든단다. 그저 신바람이 나는 게 아니라, 지구인이 우주로 나가는 게 과연 좋은 일일까 하는 생각이 드는 거야.

이제 화성에도 간다는데, 그건 어쩐지 유럽인들이 원주민들을 몰아내고 자기 멋대로 아메리카 대륙을 차지했던 역사와 비슷해 보이는 거야.

또 공부를 잘해서 좋은 대학에 가야 잘 산다고들 하는데, 난 그런 말이 영 마음에 들지 않아. 과연 공부를 잘하는 게 행복한 인생의 조건일까? 좋은 대학에 가면 훌륭한 사람이 되는 걸까?

엄마 아빠가 열심히 돈을 벌어 학원에 보내 주는 걸 아이들을 위한 사랑이라고 하는데, 진짜 아이들에게 좋기만 한 일일까? 그러다 자칫 아이들을 성적 스트레스로 불행하게 만드는 건 아닐까? 이런 생각이 들기도 해.

그렇다면 다른 작가들은 어떤 안경을 쓰고 있을까?

어머, 여기 김기정 선생님의 안경이 있네!
바로 개뻥 안경! 동화 작가인 김기정 선생님이 안경 수리를 맡기셨나 봐. 에구구…… 안경테가 살짝 깨졌구나.

김기정 선생님한테는 개구쟁이 삼 형제가 있거든. 아마 녀석들이 장난을 치다 안경테를 뚝! 부러뜨렸나 보다.

어쨌거나 우리에게는 좋은 기회야. 안경점 주인 몰래 김기정 선생님 안경을 한번 써 보자. 자, 너부터 먼저!
어때?

큰 것은 더 커지고, 작은 것은 더 작아지지 않니? 그게 바로 개뻥 안경의 효과거든.

그래서 김기정 선생님의 작품은 온통 허풍 천지란다. 수박만 한 참외가 나오지를 않나, 천 리까지 냄새를 피우는 똥 덩어리가 나오지를 않나…… 개뻥 안경을 쓰고 들려주는 이야기를 읽다 보면 눈알이 핑핑, 머릿속이 어질어질 정신없이 빠져들게 된단다.

그런가 하면 동화 작가 권정생 선생님의 안경은 마치 X-레이 같아. 맨눈으로는 안 보이는 마음을 들여다보는 안경이야. 특히 아픈 사람, 힘든 사람, 지친 사람의 마음을 따뜻하게 살펴보는 안경이지.

동화 《강아지똥》 알지? 심지어 하찮은 강아지똥의 마음까지 따뜻하게 바라보는 이야기잖아. 사실 세상에는 힘세고 잘난 사람만 추켜세우는 사람이 많아. 목소리 큰 사람들의 이야기에만 귀 기울이곤 하지.

그런데 권정생 선생님은 달라. 힘없고 약한 이들의 마음을 보고, 듣고, 그리고 이야기로 썼어. 사람들의 아픈 마음, 지친 마음을 들여다보는 따뜻한 X-레이 안경을 쓴 거지. 세상에 단 하나밖에 없는, 권정생만의 제멋대로 안경인 거야.

그런데 만약, 제멋대로 안경이 없다고 생각해 봐.

이야기들은 모두 밋밋해서 재미가 없을 거야. 참기름 없는 비빔밥이라고나 할까? 소금 없는 설렁탕이라고나 할까?

"그럼 도대체 제멋대로 안경점은 어디 있는 거예요?"

그렇지 않아도 그 이야기를 하려던 참이었어.

제멋대로 안경점은 아무나 찾아갈 수가 없어. 전화도 없고, 홈페이지도 없고, 주소도 없어. 어느 나라에도 속해 있지 않고, 어느 건물에 있는 것도 아니야.

그런데 어떻게 찾아가느냐고? 아주 간단해.

너만의 개성 있는 느낌과 생각을 잘 키우면 된단다. 여기저기 참견하고 요모조모 생각을 키우다 보면 너만의 생각과 느낌을 오롯이 담은 제멋대로 안경을 가질 수 있어.

이런 엉뚱한 생각이 맞는 걸까? 하고 다른 사람 눈치를 봐서는 곤란해. 나는 왜 남들과 다르지? 하고 주눅 들어서 다른 사람 흉내 내는 것도 금물!

그랬다간 제멋대로 안경을 절대 손에 넣을 수 없단다.

가족 모두가 외출한 사이에 너희 집 강아지가 텔레비전을 보거나 인터넷을 하는 것 같다고? 만약 네 생각이 그렇다면, 그게 맞는 거야.

빨간 신호등이 외계인에게 보내는 비밀 신호인 것 같다고? 만약 네 느낌이 그렇다면 그게 맞는 거야.

세상 누구와도 다른 너만의 생각과 느낌을 갖고 있다면, 제멋대로 안경은 며칠 뒤에 너희 집 우편함에 도착할 거야. 남들이 다 맞다고 하는 이야기에 자꾸만 고개를 갸우뚱거린다면 제멋대로 안경은 며칠 지나지 않아 네 책상 서랍에 들어 있을 거야.

어쩌면 지금쯤 제멋대로 안경점에서 너를 위한 안경을 만들고 있을지도 모르겠다. 위위위윙~ 기계 돌아가는 소리가 들리는 것 같은걸!

아까 다른 사람들에게 네가 지어낸 이야기를 들려주었지? 이제 그 이야기를 조금 고쳐 보자.

너만의 제멋대로 안경을 쓰고 진실이 듬뿍 담긴 거짓말을 한번 해 보는 거야.

네 이야기 속에 담고 싶은 진실이 무엇인지 다시 한 번 생각해 봐. 너만의 개성이 담겨 있는지도 한번 살펴보고.

진실이 담긴 너만의 이야기는 반드시 다른 사람을 감동시킬 거야. 알았지?

자, 어서 다녀와. 기다리고 있을게.

태초에 '만약'이 있었다!

잘 다녀왔니?

어머, 왜 대답이 없어? 설마…… 아직 이야기를 못 만들어 낸 건 아니겠지?

"쳇! 그게 말처럼 쉬운 게 아니라고요. 대체 어디서부터 어떻게 시작해야 할지 모르겠다니까요!"

"난 재능이 없나 봐요. 그냥 포기할래요."

오, 안 돼, 안 돼, 안 돼!

가만 생각해 보니 내가 좀 무리한 요구를 한 것 같구나. 너의 머릿속에는 기발한 이야깃거리가 가득하겠지만, 그걸 이야기로 만드는 건 쉬운 일이 아니지.

그럼, 우리 같이 해 보자.

자, 두 눈을 살며시 감고 숨을 고르는 거야.

네 가슴속에 이야기의 불씨가 깜박거리고 있어. 너는 그 불씨를 이야기로 피워 내고 싶어.

그럼 무엇부터 시작하면 좋을까?

먼저 나의 경우를 이야기하자면, 늘 '만약'이라는 말의 꼬리를 잡고 이야기를 시작한단다.

만약, 어떤 아이가 저승사자의 실수로 죽게 되었다면?
만약, 지구가 멸망해서 모든 사람이 탈출해야 한다면?
만약, 어떤 아이가 친구의 비싼 시계를 실수로 잃어버렸다면?

태초에 말씀이 있었다! 아니지, 아니야. 이건 하느님이 세상을 만들 때 나오는 이야기지…….

그래, 태초에 '만약'이 있었다! 이게 바로 이야기의 시작이란다. 모든 이야기는 '만약'에서부터 시작되는 거야.

물론 작가들마다 방법은 달라. 어떤 작가는 결말을 떠올린 다음에 거꾸로 이야기를 만들어 간다고 해. 어떤 작가는 주제를 정한 다음 인물과 사건을 만든다고도 하고. 나도 때로는 그럴 때가 있어.

하지만 내가 생각하기에 가장 좋은 방법은 뮈니 뮈니 해도 '만약'의 끝을 붙잡는 거야. '만약'의 끝을 살살 잡아당기면, 엉킨 실타래가 풀리듯이 이야기가 따라 나오게 마련이거든.

우리 같이 한번 해 볼까? 너도 한번 적어 보렴.

만약, _____

이렇게 적어 놓고 보니 또 다른 질문이 떠오르지 않니?

예를 들어 '만약 어떤 아이와 친하게 지내던 개가 사람을 물었다면?'이라는 '만약'을 떠올렸다고 생각해 봐.

나는 이런 의문이 생겨.

그 아이는 어떤 아이일까?
그 아이와 개는 어쩌다 친해졌을까?
사람을 문 개는 어떻게 될까?

이제 너의 '만약'에 대해 보다 구체적인 질문을 던져 봐.

나처럼 딱 세 가지의 질문만 던져 보는 거야.

만약, _____

만약, _____

만약, _____

자, 이제 질문에 대한 대답을 찾아야겠지?
그럼 내가 먼저 해 볼게.

그 아이는 어떤 아이일까?
개와 친하게 지내던 아이는 수용이, 초등학교 4학년으로 싸움도 축구도 잘 못하는 얌전한 성격에다 얼마 전 전학을 온 처지라 친구도 없다.

그 아이와 개는 어쩌다 친해졌을까?
그러던 어느 날 수용이는 우연히 동네 뒷산에서 만난 들개에게 악당이 라는 이름까지 붙여 주며 조금씩 친해진다.

사람을 문 개는 어떻게 될까?
개는 붙잡혀 안락사에 처해질 것이다.

자, 이제 네 차례야.
아까 '만약'에 대해 세 가지 질문을 해 봤지?
그 질문들에 대해 대답해 보자.

_____

_____

_____

네 이야기에 등장하는 인물에 대해 좀 더 알게 되었지?
이제 너는 새로운 짝을 만나게 되었어. 힐긋 보아 첫인상이 어떻다는 느낌은 있지만

아직 그 친구에 대해 잘 모를 거야.

그렇지만 이렇게 대답을 하고 보니 어때? 친구에 대해 조금씩 알아 가는 것 같지?

짝이 된 지 일주일이 지나고 그 친구네 집에 한 번쯤 놀러 갔다 온 느낌일 거야. 네 짝이 가장 좋아하는 가수가 누구인지, 급식을 먹을 때 어떤 음식을 골라내는지 정도는 알게 된 느낌이랄까.

이제 네 짝에 대해 좀 더 알 시간이야. 친해졌으니 너에게 속마음을 보여 줄 수도 있을 거야. 친구의 목소리에 가만히 귀 기울여 보렴. 네가 먼저 짝에게 물어도 좋아.

나는 새로 만난 주인공 수용이에게 이렇게 묻고 싶어.

우연히 만난 들개 '악당'의 어떤 모습에 마음이 끌렸어?
'악당'은 어쩌다 사람을 물게 된 거야?
이제 넌 어떻게 할 거야?

쉿!

나의 주인공 수용이가 마음속의 이야기를 털어놓고 있어. 그런데 네가 엿듣고 있어서 신경이 쓰이나 봐. 혹시 너의 주인공도 그런 거 아니야? 내가 지켜보고 있으니까 고백하기 어려운지도 몰라.

좋아. 그럼 우리 각자 문을 닫고 조용히 친구의 이야기를 들어 보자. '만약'에서 태어난 우리 주인공들의 이야기에 귀 기울이는 거야. 그리고 나서 다시 만나도록 해.

자, 이제 문을 닫는 거야!

4

태산처럼
무거운 엉덩이 만들기

오늘은 아무래도 좀 쉬어야겠어. 난 지금 우울에 푸~욱 빠져 있거든.

왜냐고?

다음으로 무슨 이야기를 하면 좋을지 모르겠어. 어떤 이야기를 써야 할지 도무지 모르겠다고.

무슨 작가가 글을 못 쓴다고 징징거리느냐고? 모르는 소리 마.

작가들이라고 해서 늘 이야기가 샘솟는 건 아니야.

어떤 날은 생각지도 못했던 이야기가 나도 모르게 저절로 술술 새어 나오기도 해. 자판 위에 올려놓은 손가락이 제멋대로 글을 쓰는 것만 같아.

그렇지만 이렇게 앞이 꽉! 막힌 채 한 걸음도 못 나가는 날도 있어. 하고 싶은 이야기가 가슴에 가득한데 어떻게 써야 할지 모르는 거야.

이런 날은…… 다 그만두고 도망쳐 버리고 싶기도 해. 난 아무래도 재능이 없나 봐! 내가 쓴 글은 분명히 재미가 없을 거야. 사람들이 모두 내 이야기를 비웃을걸! 내 책은 서점 구석에서 먼지를 뒤집어쓴 채 외로움에 떨어야 할 거야.

아, 진짜 우울하다!

오늘은 정말이지 한 줄도 더 못 쓰겠어. 흑흑흑!

임시 휴업!

오늘은 쉬는 날로 해야겠어. 이만 컴퓨터를 끌게.
그렇다고 나 때문에 너까지 쉴 수는 없고…….
그래, 다른 작가들에게 잠시 자리를 양보할게.

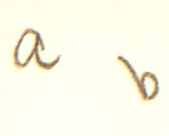

한국의 어린이 여러분, 안녕하세요!

나는 《찰스와 초콜릿 공장》(찰스가 아니라 찰리인가? 아니면 칠리? 에이, 나도 모르겠다. 그냥 찰스라고 쓰자.)을 쓴 로알드 달이라고 해요. 글이 잘 안 풀릴 때는 어떻게 하는지 궁금하다고요?

나야, 뭐…… 말썽쟁이 녀석들 혼내는 일로 스트레스를 풀지요. 툭하면 친구 따돌릴 궁리만 하는 녀석을 꽁꽁 묶어서 나무 꼭대기에 매달아 놓는다든지…… 공부 잘한답시고 친구 무시하는 녀석의 입에다 반창고를 붙인 다음 바보라는 팻말을 목에 걸고 동네 세 바퀴를 돌게 한다든지…… 방 안을 잔뜩 어지럽히고 엄마에게 청소를 다 떠넘기는 아이들을 쓰레기통에 집어넣고 휘휘휘휘휘휘 열 바퀴쯤

돌린 다음 꺼내 준다든지…… 뭐, 그런 일들이죠.

그러고 나면 속이 시원해지느냐고요?

오우! 물론이죠. 어느새 답답했던 가슴은 뻥 뚫리고 재미난 이야기가 머릿속에서 절로 떠오른답니다. 잔뜩 골탕 먹은 녀석들에게 신나는 이야기를 들려주고 싶어서 좀이 쑤시거든요.

좀 너무한 거 아니냐고요? 나, 원, 참…….

그럼 한국 작가들은 대체 어떻게 한다는 거예요?

안녕하세요, 로알드 달 선생님!

저는 한국의 동화 작가 김남중이라고 합니다. 《불량한 자전거 여행》이라는 책을 썼는데, 읽어 보셨겠죠? 아니, 아직 안 읽어 보셨다고요? 이런…… 실망입니다, 실망이에요. 게다가 글이 안 풀릴 때 아이들을 괴롭히신다니, 그건 좀 심하지 않나요?

네? 그럼 전 어떻게 하냐고요?

저는 자전거를 탄답니다. 바닷길을 달리고 산길을 오르고 들판을 가로지른답니다. 그렇게 몇 날 며칠을, 심지어는 열흘이 넘도록 계속 달린 적도 있어요.

그러다 보면 어느 순간 더 이상 달리고 싶은 생각이 없어져요. (사실 기운이 빠져서 더 달릴 수도 없죠, 뭐.)

그리고 작업실로 돌아와 노트북 컴퓨터를 열어 놓고 가슴속의 풍경을 떠올리죠. 그러면 어느새 글이 술술 풀린답니다. 멋진 풍경을 배경으로 이야기들이 꿈틀꿈틀 살아 움직이지요.

혼자 멋진 척하는 것 아니냐고요?

그거야 당연하죠. 멋진 척하는 것도 작가가 갖춰야 할 기본적인 태도니까요.

멋진 척 그만하고 사실대로 말하라고요?

저…… 사실 저는 글이 안 풀릴 때 차력 쇼를 한답니다.

차력 쇼가 뭐냐고요? 한마디로 힘자랑이죠. 기차를 손으로 끈다든지 몸 위로 자동차가 지나가게 한다든지.

그런 걸 하냐고요? 아뇨, 저는 자전거 차력 쇼를 한답니다. 자전거에 자동차를 줄로 매달아 끄는 거죠.

허풍이 지나치다고요? 글쎄요, 누가 알겠어요? 믿거나 말거나, 여러분의 자유지요. 으하하!

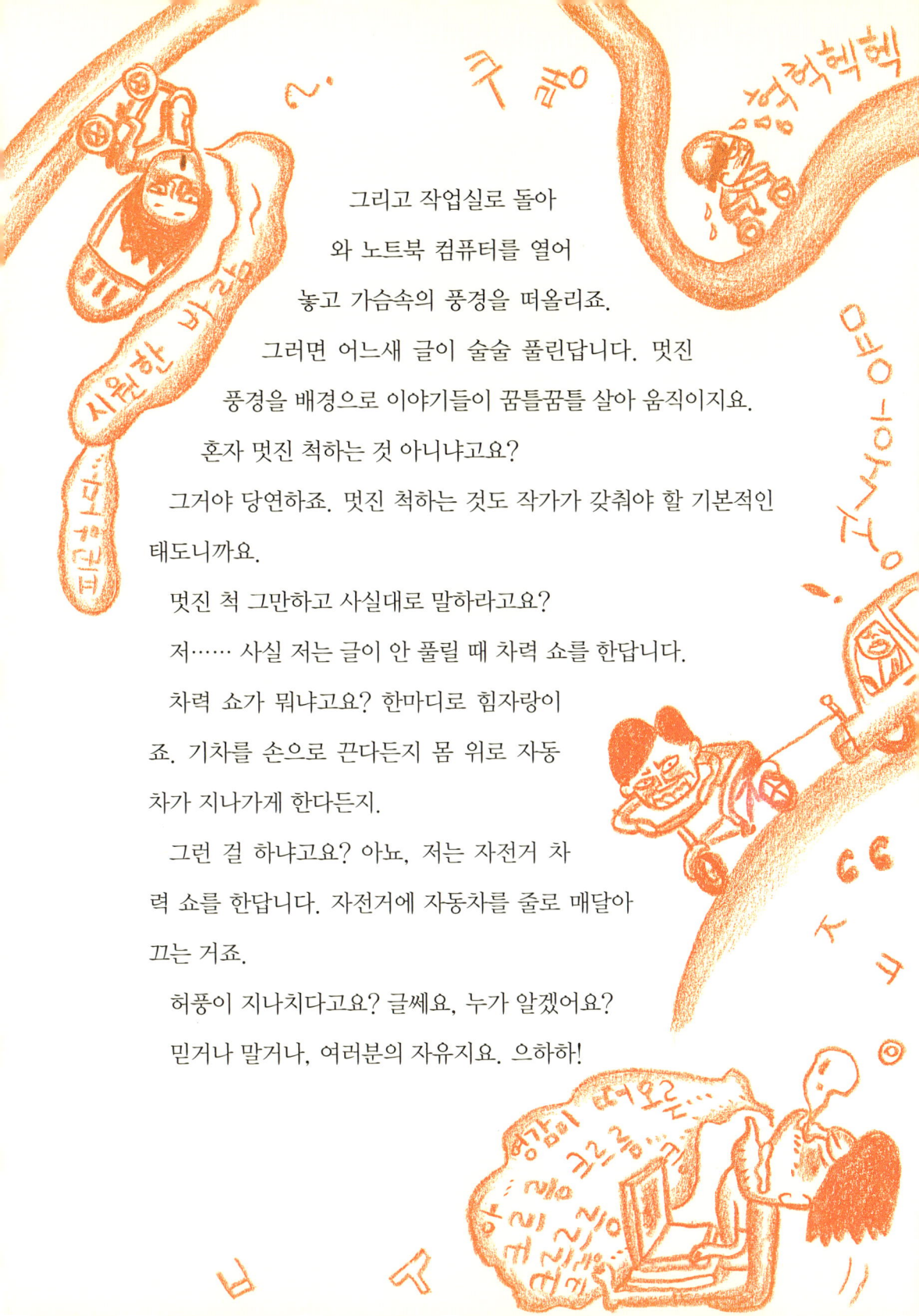

거짓말을 꿰면 목걸이가 된다고?

안녕!

내가 돌아왔어.

그동안 뭘 했냐고?

일단 괴로운 마음을 잊기 위해 인터넷에서 좋아하는 드라마를 내리 네 편을 보면서 다른 사람이 들려주는 이야기에 푹 빠져들었지. 그러고 나니 머리가 지끈지끈, 신선한 공기가 마시고 싶더라. 서둘러 점퍼를 걸치고 모자를 썼어.

왜냐고? 머리를 안 감은 지 사흘이 넘었거든. 헤헤.

그런 다음 밖으로 나가 동네를 빙빙 돌았어. 유모차에서 잠든 아기 구경도 하고, 구름이 제멋대로 흘러가다 푹 퍼질러 앉아 있는 모양도 구경했지.

　아파트 한쪽에 선 알뜰 장을 이리저리 기웃거리기도 했어. 반지며 목걸이며…… 예쁜 액세서리를 파는 곳은 그중에서도 특히 내 흥미를 끌었어. 나는 반지를 껴 보기도 하고 목걸이를 목에 걸어 보기도 했어.

　바로 그 순간이었어. 반짝! 좋은 생각이 떠오르지 뭐겠니!

　"맞아! 거짓말을 꿰면 목걸이가 되는 거지!"

　혼자서 이렇게 큰소리를 치고 말았어. 액세서리를 팔던 아줌마가 기가 막힌다는 얼굴로 나를 쳐다보더니 함께 온 아저씨에게 뭐라고 속닥거리더라.

　어쩌면 아줌마는 이랬을지도 몰라.

　"어머! 저 여자, 행색도 구질구질한 데다 이상한 혼잣말까지 하네. 아무래도 제정신이 아닌 것 같아! 젊은 사람이 끌끌끌……."

　나는 그 아줌마에게 "아니에요. 전 작가예요. 지금 아주 기가 막힌 아이디어가 떠올랐다고요."라고 소리칠 뻔했어.

　하지만 그럴 틈이 없었단다.

　어서 서둘러 돌아와 글을 써야 했거든. 재미난 생각이 떠오르니까 견딜 수가 없더라고.

　그래, 그럼 이제 다시 이야기를 시작할게.

구슬이 서 말이라도 꿰어야 보배라는 속담이 있지?

난 원래 이 속담을 별로 안 좋아해.

꿰지 않은 구슬이라고 꼭 쓸모가 없는 건 아니잖아. 구슬치기를 할 수도, 어항 속에 장식으로 넣어 둘 수도 있어. 그런데 꼭 꿰어야만 보물이 된다니.

그렇지만 작가들에 대해서라면, 이 속담은 완전히 옳은 말씀이야. 정말 중요한 얘기지.

기발한 상상에 온몸이 떨려도 그걸 이야기로 꾸미지 않으면 아무 소용이 없거든. 재미난 이야기가 머릿속에 가득해도 그걸 글로 쓰지 않으면 작가라고 할 수 없지.

아무리 글을 잘 쓰면 뭐해? 늘 중간에서 포기해 버린다면 결국 이야기는 토막 난 뱀 꼴이 되어 버리잖아.

일본의 동화 작가인 사토 사토루 선생님의 경우를 보면 엉덩이가 무거운 게 얼마나 중요한지 알 수 있어.

사토 사토루 선생님은 《아무도 모르는 작은 나라》라는 유명한 판타지 동화를 썼어. 유명한 작가라…… 어쩐지 글 쓰는 재주를 타고났을 것만 같지?

그런데 사토루 선생님은 그렇지 않았대. 초등학교 때 글짓기 숙

제 때문에 망신을 당한 적도 있대.

담임 선생님이 사토루 선생님의 글을 '잘못 쓴 글'의 예로 읽어 주었다는 거야. 얼마나 창피했겠니?

어른이 된 다음, 사토루 선생님은 책을 만드는 일을 하는 출판사 편집자가 되었어. 그래도 여전히 글쓰기에 자신이 없었대.

고심 끝에 사토루 선생님은 유명한 작가들의 글을 일일이 손으로 베껴 쓰기 시작했대. 좋은 문장 쓰는 법을 익히고 싶었던 거지. 사토루 선생님뿐만 아니라 많은 작가가 이런 방법으로 글쓰기 훈련을 한단다.

그러던 어느 날 사토루 선생님 머리에 번뜩! 하고 아이디어가 떠올랐대. 코로보쿠루라는 신비로운 작은 사람에 대한 아이디어였어. 사토루 선생님은 비로소 자신의 글을 쓰기 시작했어. 마침내 《아무도 모르는 작은 나라》라는 작품을 완성했어. 무려 1년 반이나 걸려서!

글짓기에 자신 없던 사람이 남의 작품을 베껴 쓰며 몇 년 동안 글쓰기 훈련을 하고, 또 1년 반 동안 끈덕지게 매달려서 결국 자신의 작품을 쓰고……

그런데 이게 전부가 아니야.

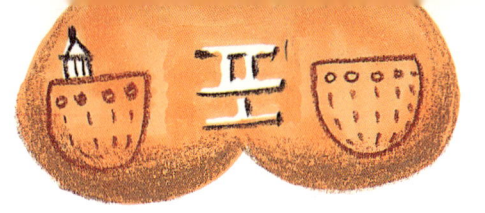

    사토루 선생님은 처음 쓴 원고가 별로 마음에 들지 않았나 봐. 그때부터 다시 원고를 붙들고 고심하기 시작했대. 다듬고 다듬고 또 다듬고, 자신의 문장을 고치고 고치고 또 고치고…….

    결국 훌륭한 한 편의 동화를 완성했어. 자그마치 5년의 세월이 흐른 다음의 일이었어.

정말 대단하지?

아마 대개의 사람들은 "난 재능이 없나 봐."라며 진작 포기하고 말았을 거야.

그랬다면 사토루 선생님은 작가가 될 수 없었겠지. 《아무도 모르는 작은 나라》라는 재미난 책도 세상에 나올 수 없었을 테고.

나도 마찬가지야.

좀 전에 글이 잘 풀리지 않는다고 그냥 포기했다면 어떻게 되었을까? 그랬다면 너와의 이 즐거운 만남은 없었을 거야.

그래서 태산처럼 무거운 엉덩이를 만들어야 한다고 한 거야.

이게 바로 '말도 못하게 위대하고 꿈도 못 꾸게 인기 있는 작가'가 되는 네 번째 방법이야.

태산처럼 무거운 엉덩이 만들기!

작가가 되려면 글을 다 쓸 때까지 포기하지 않고 버틸 수 있는 엉덩이가 필요한 거란다. 너의 엉덩이는 몇 킬로그램이나 되니?

아, 잘 모르겠다고?

그렇다면 어디 한번 재어 볼까?

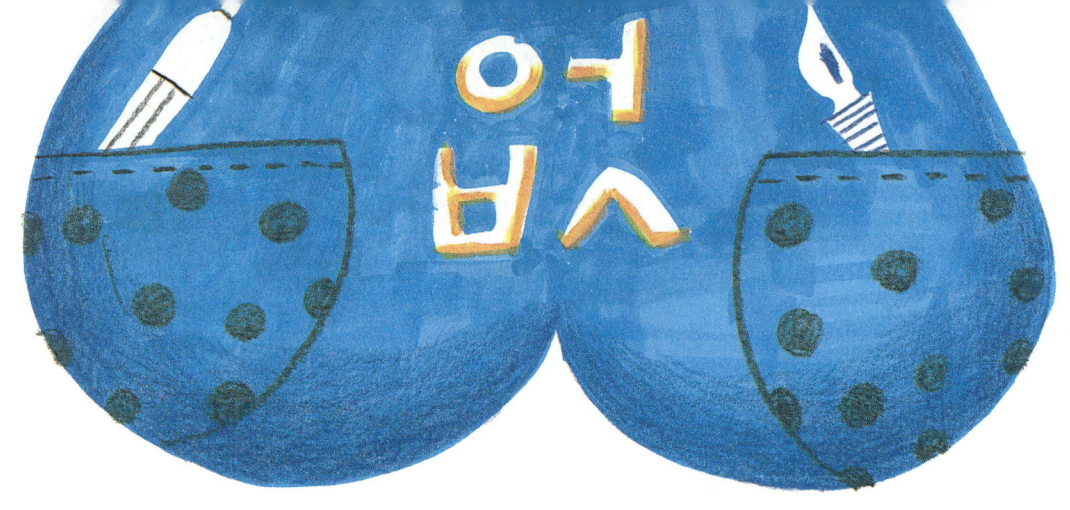

　이제부터 아까 꾸며 낸 이야기를 글로 써 보자.

　포기하지 말고 자신 있게!

　오랜 시간이 걸려도 조금씩 조금씩 끈기 있게!

　자, 이제 시작해 봐.

　아까 '만약'의 끝을 잡고 지어낸 이야기를 써 보는 거야.

　아직 쓸 준비가 되지 않았다고?

　좋아, 그럼 지어낸 이야기를 어떻게 풀어 가야 할지 같이 생각해 보자.

'만약'의 뒤를 밟았더니 결국!

　나는 '만약'의 세상에서 만난 새 친구 수용이와 들개 '악당'의 이야기에 무척 마음이 아팠어.

　악당은 정말로 사람을 물었고, 그 바람에 경찰에 쫓기게 됐어. 급기야 악당을 잡으면 '오백만 원'을 준다는 이야기까지 나왔지 뭐야? 그 바람에 악당을 잡으려는 사람들이 온 산에 깔렸어.

　그렇지만 수용이는 악당의 편이야. 여전히 악당을 소중하게 여기며 악당을 도우려 애쓰고 있어.

　너의 새로운 친구, 너의 주인공은 어땠어? 많은 이야기를 나눌 수 있었니? 아직 잘 모르겠다면, 네 친구의 목소리에 좀 더 귀를 기울여 보렴. 그러다가 그 이야기가 너를 뭉클하게 하는 순간, 바로 그 순간부터 이야기를 쓰기 시작하는 거야.

"대체 어떻게 쓰라는 거예요?"

미국의 소설가 스티븐킹 선생님은 그 질문에 대해 이렇게 대답했단다.

"한 번에 한 단어씩 쓰면 됩니다."

너무 성의 없는 대답이라고? 그래, 그렇게 들릴지도 모르겠다. 하지만 이건 아주 중요한 이야기야.

너무 거창하게, 너무 심각하게, 너무 어렵게 쓰려고 하지 마. 그랬다간 너의 글은 철갑을 두른 꼴이 되고 말 거야. 너무 무겁고 답답해서 도무지 움직일 수가 없는 거지.

네가 하고 싶은 이야기를 가볍게 시작하는 거야.

대신! 읽는 사람이 흥미를 느낄 수 있게 멋지게 시작해야지. 첫머리부터 김이 빠져서야 읽을 맛이 나지 않잖니. 그렇다고 재미만 좇아서 엉뚱한 이야기로 시작할 순 없잖아.

나는 이렇게 생각해 봤어.

한밤중에 개가 사람을 문다. 이 이야기는 수용이가 그 사건의 진상을 밝히고 악당을 구하려 애쓰는 이야기다.

그렇다면 어떤 첫 문장이 좋을까? 수용이의 처지를 드러내고 독자들의 궁금증을 일으키는…… 쉽고 간단한 문장.

좋아!

한밤중에 문득 잠에서 깼다.

나는 이렇게 결정했어. 어때? 뭐, 시시하다고? 그렇지 않아.

'한밤중에 문득 잠에서 깼다.'라는 문장을 읽고 독자는 어떤 생각을 할까? '아, 뭔가 사건이 터졌구나! 그것도 한밤중이라니, 아무래도 심각한데!'라고 느낄 거야. 그렇다면 대체 어떤 사건인지 궁금해지지 않을까?

다른 작가들은 어떻게 첫 문장을 썼는지 한번 보자.

작가들 사이에서도 글 잘 쓰기로 유명한 E. B. 화이트 선생님은 《샬롯의 거미줄》을 이렇게 시작했어.

"아빠는 도끼를 들고 어디 가시는 거예요?"

오호라, 도끼? 뭔가 흥미가 일지 않니? 독자는 호기심을 느끼며 다음 문장을 읽을 거야. 이야기는 이렇게 이어져.

"으응, 새끼 한 마리가 무녀리(한 배 새끼 가운데서 맨 먼저 태어난 새끼)란다. 무녀리는 너무 작고 약해서 제 구실을 못하거든. 그래서 아빠가 그걸 없애려는 거야."

이제 독자는 새끼 돼지에게 흥미를 갖기 시작했어. 아, 불쌍한 새끼 돼지의 운명은 어떻게 될 것인가!
또 다른 이야기의 첫 문장을 훔쳐볼까?
최나미 선생님은 《학교 영웅 전설》이라는 동화를 이렇게 시작했어.

'난세에는 세상을 구할 영웅이 나타나는 법…….'

오, 세상을 구할 영웅! 배트맨처럼 멋진 영웅이 나타나 악당들을 무찌를 모양이네! 그런데 학교 영웅은 또 뭘까? 학교에 있는 악당을 물리치나? 학교에 어떤 악당이 있는 걸까? 그야말로 흥미진진한 첫 문장이야.

때로는 아주 평범한 문장으로 이야기의 문을 여는 경우도 있어. 기발한 상상으로 명성이 드높은 크리스티네 뇌스틀링거 선생님은 《깡통 소년》의 첫 문장을 이렇게 썼어.

베르티 바톨로티 부인은 흔들의자에 앉아 아침 식사를 하고 있었다.

아유, 정말 평범하고도 평범하고도 평범하지? 대체 무엇에 흥미를 가져야 할지 모르겠어. 그렇지만 뭐 어때? 문장이 이어지고 이

어지고 이어지면서 이야기는 점점 흥미진진해진단다.

　자, 너는 어떤 첫 문장이 좋아? 네 이야기에는 어떤 첫 문장이 어울릴까? 한번 해 보는 거야! 너의 첫 문장을 적어 봐.

축하, 축하, 축하!

'만약'에서 시작한 너의 이야기는 '결국' 첫 문장을 낳았어. 첫발자국을 내디딘 거야. 너는 이제 조심조심 그 발자국을 따라 걸으면 돼.

어디로 가야 할지 잘 모르겠다고? 자신 없다고? 걱정하지 마.

글을 쓴다는 것은 너와 네 주인공만의 비밀스러운 만남이야. 조금 서툴러도 괜찮아. 잘못된 길을 가도 다시 돌아오면 돼.

경험 많은 작가들도 다 그래. 잘못된 길을 갔다가 돌아오고 엉뚱한 길로 들어섰다가 더 멋진 길을 찾기도 하는 거야. 그러니 걱정 말고 이제 걸어 봐.

내가 《악당의 무게》를 쓸 때도 그랬어.

그 가을에 나는 인왕산 아래 동네로 이사를 갔어. 언덕길을 따라 조금만 올라가면 한양 도성이고, 도성 안으로 들어가면 산길이 펼쳐져 있었어.

나는 우리 집 강아지들을 데리고 자주 산책을 다녔어. 그러던 어느 11월의 늦은 오후였어. 강아지들을 데리고 산책을 나섰는데 그 날따라 산길이 한적했어. 우리 말고는 아무도 없더라고.

그런데 산길에서 커다란 들개와 딱 마주쳤지 뭐야. 진돗개처럼 생겼는데, 진돗개보다 훨씬 덩치가 큰 개였어. 딱 봐도 들개였어. 목줄도 없었고, 눈빛부터 동네 개들과는 달랐어.

난 다리를 후들후들 떨었어. 우리 강아지들도 겁에 질려서 꼬리를 다리 사이로 말고 바싹 얼어붙어 있더라.

그 들개? 들개는 아무렇지 않아 보였어. 나를 겁내지도 않고, 싫어하지도 않고…… 뭐랄까, 그냥 무시하는 것 같았달까? 담담한 눈으로 나를 보다가 가볍게 몸을 돌려 숲으로 사라지더라고. 그래도 겁이 나서 허둥지둥 집으로 돌아와 버렸지.

그런데 동네 사람들한테 물어보니까, 그런 들개가 한두 마리가 아니라는 거야. 유기견 중에서 덩치가 큰 개들이 도시 근교의 야산에 모여 산다나? 아휴, 무서워서 정말! 나는 당장 시청에 전화를 걸려고 했어. 어째서 들개가 돌아다니게 그냥 두냐고 따질 셈이었어.

하지만 진짜로 전화를 걸진 못했어. 아무래도…… 마음에 걸리더라. 내가 신고를 하는 바람에 들개가 잡혀가면 어째? 보호소에 갇혀 있다가 안락사라도 당하면 어째? 그렇지만 들개가 나돌아 다니는 산으로 산책을 가긴 겁나고…….

그렇게 갈팡질팡하다가 문득 하나의 '만약'이 떠오른 거야.

만약, 어떤 아이와 친하게 지내던 개가 사람을 물었다면?

그 만약을 마음에 담고 부지런히 산책을 다녔어. 멀리서 들개를

본 적도 있고, 들개 짖는 소리만 들은 적도 있어. 그 산길을 오가는 소년들과 마주치기도 했지. 그러면서 들개 '악당', 그리고 '악당'의 친구인 수용이가 떠올랐어.

수용이와 악당의 마음에 귀 기울이며 조금씩 조금씩 '만약'에 대한 답을 찾아갔어. 수용이와 악당에 대해 알아 가게 된 거야. 그러다 어느 날 첫 문장을 썼고, 조금씩 조금씩 이야기를 써 내려갔어. 마침내 수용이와 '악당'의 이야기로 한 편의 동화를 완성하게 됐어. 제목은 처음부터 정해져 있었어.

'악당의 무게'

모처럼 《악당의 무게》 이야기를 하다 보니 악당이 그리워지네. 수용이 생각도 나고 말이야.

좋아! 난 이쯤에서 잠시 글쓰기를 멈추고 산책을 가야겠다. 그동안 너는 '만약'에서 자라난 너의 이야기를 글로 써 보도록 해.

많이 써 보는 것! 작가가 되기 위해 그보다 중요한 일은 없단다. 쓰고 쓰고 또 쓸 것! 거창한 작품이 아니어도 좋아. 부족한 글이라도 상관없어. 너의 첫 문장을 믿고, '만약'의 끝을 살살 당기면서 쓰고 또 쓰는 거야. 준비됐어? 그럼 이제 너에게 백지를 줄게.

내 글이 별로라고?
설마!

다 썼니?

그럼 그 글을 네 주변의 누군가에게 보여 줘. 엄마나 아빠, 동생이나 친구…… 누구든 네 글을 읽게 하고 싶은 사람에게 보여 주는 거야. 그런 다음 소감을 한번 들어 보렴.

어때? 사람들이 네가 쓴 글에 흠뻑 빠져들었니?

"그럼요! 우리 모둠에서 제일 책 안 읽는 경식이 녀석도 내 글을 단숨에 읽었어요! 너무 슬프다고 눈물까지 흘린 걸요!"

넌 이렇게 자신 있는 대답을 할지도 모르겠다. 하지만 어쩌면 풀 죽은 얼굴로 이런 소리를 할 수도 있을 거야.

"엄마가 내 이야기를 늘으면서 계속 하품을 했어요. 결국 다 읽지도 못했는데 꾸벅꾸벅 졸더라고요…….”

"친구가 다 읽긴 했는데…… 솔직히 말해서 너무 재미가 없다고 했어요."

어휴! 그렇다고 실망하면 안 돼.

작가들에게도 그런 일은 많단다. 애써 쓴 글을 책으로 만들지 못하는 일도 있어. 엉엉 울면서 다 쓴 원고를 버려야 하는 거야.

또 책을 만들었지만 아무도 거들떠보지 않을 때도 있어. 심지어 한심한 책이라고 사람들이 손가락질을 하기도 한다니까. 그럴 때면 얼마나 속이 상하는지 몰라.

너희, '해리 포터' 시리즈를 알지?

그 책을 쓴 조앤 K. 롤링 선생님도 처음에는 몇 번이나 거절을 당했대. 출판사에 원고를 보냈는데 매번 퇴짜를 맞았대.

만약 조앤 K. 롤링 선생님이 그런 일을 당하고서,

"그래. 이 이야기는 너무 재미가 없나 봐."

라고 실망하면서 포기했다고 생각해 봐. 《해리 포터》는 서점에 꽂혀 보지도 못하고 재활용 쓰레기가 되고 말았을 거야.

하지만 조앤 K. 롤링 선생님은 포기하지 않고 도전하고, 또 도전했대. 자기가 만든 이야기에 허술한 점이 없는지 살펴보고 어떻게 하면 더 재미난 이야기가 될지 고민하고 또 고민하고…….

그러다 어느 날 해리 포터 이야기의 가치를 알아보는 출판사를 만나게 된 거야. 해리 포터가 마법 빗자루를 타고 세상 밖으로 날아오른 거지!

캐나다의 작가인 루시 모드 몽고메리 선생님도 마찬가지야.

루시 모드 몽고메리가 누구냐고? 그래, 이 이름은 낯설지도 모르겠다. 하지만 '빨간 머리 앤'을 모르는 친구는 없겠지?

맞아, 루시 모드 몽고메리 선생님은 바로 《빨간 머리 앤》을 쓴 작가야.

몽고메리 선생님은 열 살 무렵부터 메모하는 습관이 있었대. 좋은 아이디어가 떠오르면 곧장 적어 두는 거지. 그 가운데는 이런 것도 있었대.

어떤 농부가 양자를 삼기 위해 사내아이를 고아원에 부탁했는데 일이 꼬여서 여자아이가 오게 되었다.

그 무렵 몽고메리 선생님의 이웃집에 친척 소녀가 놀러 왔대. 다른 사람은 그러려니 했겠지만 몽고메리 선생님은 달랐어.

"저 아이가 혹시 그 고아 소녀가 아닐까?"

이런 엉뚱한 상상을 했다는 거야.

그 뒤 많은 세월이 흘러 선생님은 어른이 되었지. 그런 상상 따위는 까맣게 잊은 건 물론이고.

그런데 어느 날 몽고메리 선생님이 옛날 메모를 뒤적이다 고아 소녀에 대한 그 메모를 발견했대. 선생님은 어린 시절의 그 메모를 이야기로 만들고 글로 쓰기 시작했어.

비로소 《빨간 머리 앤》이라는 작품이 완성되었어. 그렇지만 일은 쉽게 풀리지 않았어.

선생님의 원고를 책으로 내주겠다는 출판사가 없었대. 단 한 군데도! 선생님은 실망해서 원고를 서랍 깊숙이 숨겨 두었대.

그렇게 또 2년이 흘렀어.

선생님은 그 원고를 그냥 버릴까 고민했지. 하지만 그럴 수는 없었어. 빨간 머리 앤은 너무도 사랑스러운 소녀였고, 앤의 이야기는 정말이지 너무나 재미났거든.

몽고메리 선생님은 그 원고를 다시 출판사에 보냈어. 그렇게 마침내 《빨간 머리 앤》이라는 책이 세상에 나온 거야.

그러니까 《빨간 머리 앤》이 책이 되어 나오기까지…… 열 살 때의 메모부터 따지면…… 무려 30년이 걸린 거야! 정말 대단히 무거운 엉덩이야. 태산과는 비교도 할 수 없지.

게다가 그 대단한 자신감은 또 어떻고! 몽고메리 선생님이나 조앤 K. 롤링 선생님은 남들이 재미없다고 퇴짜를 놓아도 자신의 글을 믿고 사랑했던 거잖아.

너, 지금 내 얘기 안 듣고 뭐 하는 거야?

이게 무슨 짓이야! 난 너의 분신이라고!

뭐, 메모할 수첩을 찾는 중이라고? 너도 지금부터 아이디어를 메모하겠다고? 그래, 어쩌면 지금 네가 떠올린 기발한 이야기가 위대한 작품으로 탄생할 날이 올지도 모르겠다.

그런 날이 왔을 때 날 모른 척하면 안 돼. 알았지? 그리고 하나만 더 약속해 주렴. 혹시 너의 작품을 사람들이 몰라주더라도 용기 잃지 않기!

누군가 네 글이 재미없다고 말하면 일단 이렇게 소리쳐 보는 거야.

내 글이 별로라고? 설마 그럴 리가!

빠르거나 늦거나

완전히 속박당한
한가로운 청춘이여!
섬세함 때문에
나는 내 인생을 망쳐 버렸도다.
아! 내 마음이 열중할
그런 시간이여 오라!

　아르튀르 랭보가 쓴 〈가장 높은 탑의 노래〉라는 시의 일부분이야. 랭보는 19세기에 이름난 프랑스 시인인데, 랭보가 처음 시를 쓴 게 몇 살 때인지 아니?

랭보는 열다섯 살 무렵부터 시를 썼고 곧 이름을 떨쳤어. 그리고 스무 살이 넘자마자 뚝! 시 쓰기를 관둬 버렸어. 아마 가장 어린 나이에 작가가 된 사람이기도 하고, 가장 빨리 은퇴해 버린 작가이기도 할 거야.

그런 다음 랭보는 여러 곳을 돌아다니며 방랑 생활을 시작했어. 오죽하면 그와 절친했던 시인이 랭보를 '바람 구두를 신은 시인'이라고 했겠니.

랭보와는 달리 아주 늦게서야 글을 쓰기 시작한 작가들도 있어. 《걸리버 여행기》 알지? 《걸리버 여행기》를 쓴 조너선 스위프트는 영국 국교회 성당 신부였는데, 무려 예순 살에 가까워서야 소설을 쓰기 시작했어. 영국 국교회 성당 신부로 인생을 시작해서 소설가로 인생을 마감한 스위프트는 아마 가장 늦게 글을 쓰기 시작한 사람이기도 하고, 가장 위대한 작품을 남긴 작가이기도 할 거야.

《돈키호테》라는 위대한 소설을 쓴 세르반테스도 늦깎이 작가로 유명해. 세르반테스는 자신의 주인공 돈키호테보다 더 특이한 인생을 산 것으로도 이름이 높지.

세르반테스는 젊은 시절에는 군인 생활도 했고, 심지어 해적에게 붙잡혀 노예 생활을 한 적도 있대. 그러다 시를 썼는데 정말 한심했대. 그다음에는 희곡을 썼는데 그건 더 한심했다는 거야.

글 쓰는 일로는 도저히 먹고살 수가 없었대. 사업을 하기도 하고, 세금 징수원이 되기도 하고, 다른 사람의 책을 홍보하는 글을

쓰기도 하면서 근근이 살아갔대.

그러다 예순이 되어서야 《돈키호테》라는 작품을 썼어. 세르반테스 역시 늦깎이로 따지자면 누구에게도 뒤지지 않을 거야.

빠르거나 늦거나, 문제는 그게 아니야.

어린 나이에 훌륭한 작품을 쓰는 작가도 있고, 늦은 나이에 시작해서 위대한 작품을 써내는 작가도 있어.

쓰고 싶은 이야기가 마음에 차오를 때, 바로 그때가 작가가 되는 가장 좋은 때인 거야.

5

산더미 같은 돈
펑펑 쓰는 훈련하기

오! 여기저기서 자신감 넘치는 목소리가 들려오는구나!

'말도 못하게 위대하고 꿈도 못 꾸게 인기 있는 작가'가 되는 법을 알고 나니 자신만만해졌구나! 엄청난 돈을 벌어들여서 멋지게 살 수 있겠지?

그러니까 산더미 같은 돈을 펑펑 쓰는 훈련을 해야 해. 돈을 쌓아만 두고 어쩔 줄 몰라서는 곤란하잖니.

"작가는 다들 가난하게 산다던데요. 그런데 돈을 쓰는 훈련이라뇨? 그게 무슨 소리예요?"

"맞아요, 아까 지윤이의 미래 계획에도 그런 얘기가 나오잖아요. 작가는 돈을 못 버니까 식당을 먼저 차릴 거라고 했잖아요."

어라? 어디서 그런 헛소문을 들었니? 지윤이가 그런 얘기를 한 건…… 그 이유는…… 사실은…….

흠! 흠! 흠! 사실 모든 작가가 산더미 같은 돈을 버는 건 아니야. 솔직히 나도 아직…… 흑!

안타깝게도 난 큰돈을 버는 작가가 아니야. 엄청난 베스트셀러를 쓰지도 못했어. 그러니까 너희가 이 책이 재미있다는 소문을 좀 내 주렴. 그러면 이 책이 날개 돋친 듯 팔려서 내가 베스트셀러 작가가 될 수도 있잖아. 안 그래?

뭐, 끝까지 읽고 나서 한번 생각해 보겠다고?

어휴, 좋아, 좋아.

그럼 실없는 소리 관두고 '말도 못하게 위대하고 꿈도 못 꾸게 인기 있는 작가'가 되는 법을 계속 들려줄게.

부디 재미나게 들어 주렴.

인세 모아 태산

나의 첫 책 《짜장면 불어요!》의 원고를 출판사에 넘기고 나는 아주 신이 났단다. 찜해 두었던 예쁜 옷도 사고, 늘 가고 싶었던 곳으로 여행도 가고, 맛난 것 골라 먹으며 살도 푹푹 쪘지.

이제 책만 나오면 돈 걱정은 없을 줄 알았던 거야.

곧 책이 완성되어서 서점에서 팔리기 시작했지. 나는 목 빠지게 통장만 바라보고 있었어. 마침내 처음으로 내 통장에 출판사에서 지급한 인세가 들어왔단다.

그런데 대체 이게 웬일이니! 난 아주 기절초풍을 하고 말았어.

왜냐고?

그 대답을 알고 싶으면 먼저 퀴즈를 하나 풀어 봐.

만약 책의 가격이 10000원이라면 작가는 이 가운데 얼마를 가질까요?

① 욕심쟁이 작가이기 때문에 무조건 다 갖는다.

② ○○출판사는 인색한 곳이기 때문에 작가는 한 푼도 못 받는다.

③ 그림을 그린 화가에게 10퍼센트를 나눠 주고 나머지는 작가가 다 갖는다.

④ 여러 사람이 함께 만든 책이지만 작가가 지어낸 이야기이기 때문에 혼자서 절반을 갖는다.

⑤ 양보심이 많은 작가이기 때문에 고작 10퍼센트 정도만 갖는다.

두구두구두구두구두구…… 정답으으으으은~

바로 ⑤번!

어때? 설마 ①번이나 ②번이라고 생각한 건 아니겠지?

틀렸다고 실망할 건 없어. 이런 사실을 알고 있는 사람은 별로 없단다. 나도 작가의 몫이 겨우 10퍼센트 정도일 줄은 몰랐거든.

그렇지만 안타깝게도 정답은 ⑤번이야.

작가는 책값의 10퍼센트 정도를 갖는단다.

만약 그 책에 그림이 곁들여진다면 작가가 10퍼센트를 다 갖지 못하는 경우도 많아. 책값의 10퍼센트를 그림을 그린 화가와 글을 쓴 작가가 나누어 갖는 거지.

이렇게 책값 중에서 화가와 작가가 갖는 몫을 '인세'라고 해. 그러니까 작가는 인세를 먹고 사는 사람이야.

"10000원짜리 책 한 권을 팔면 작가가 갖는 돈이 겨우 1000원 정도란 말이에요? 애걔! 그래서야 어떻게 먹고살아요?"

오, 너의 실망 어린 목소리가 들리는 것 같구나.

책을 한 권 팔면 1000원이지만 10권을 팔면 10000원이잖아.

그렇다면 1000권, 1만 권, 10만 권, 100만 권을 팔면?

한 권에 1000원이라도 100만 부면 무려 10억 원이라고!

와우! 어마어마한 돈이지? 티끌처럼 적은 인세가 모여 태산만큼

큰돈이 되는 거야.

물론 이런 경우는 흔치 않아.

아주 가끔, 일어나는 일이지. 그런 책을 베스트셀러라고 해. 한마디로 행운의 책, 작가들이지.

"대체 어떤 작가들이 그렇게 돈을 많이 벌었어요?"

그럼 지금부터 세상 최고의 부자 작가를 소개할게.

나는야, 부자 작가

질문이 또 하나 있어. 이번에는 퀴즈가 아니야. 그냥 질문.

네 책꽂이에는 책이 몇 권이나 되니? 100권? 200권?

뭐라고, 단 한 권이라고?

사람마다 다 다를 거야. 어떤 친구는 커다란 책장 가득 책을 가지고 있을 테고, 어떤 친구는 책이 별로 없겠지.

내가 어렸을 때는 말이야, 너나 할 것 없이 책이 별로 없었단다. 그때는 다들 지금보다 가난했기 때문에 아이들 책을 요즘처럼 많이 만들 수도, 많이 살 수도 없었어.

나도 마찬가지였어. 나는 책 읽기를 무척 즐겼지만 우리 집에는 책이 그다지 많지 않았어.

그런데 어느 날, 우리 엄마가 무려 50권짜리 동화 전집을 사 주셨단다.

'세계 아동문학 전집!'

짙은 자주색의 두꺼운 표지에 금박으로 제목이 찍혀 있는 멋진 책들이었어. 그 가운데서도 가장 기억나는 책이 바로 《암굴왕》이야. 제목이 좀 낯설지? 요즘에는 《몽테크리스토 백작》이라고 제목이 바뀌었더구나.

나는 그 50권 가운데에서도 《몽테크리스토 백작》이 가장 재미있었어. 프랑스 소설가인 알렉상드르 뒤마 선생님이 쓴 책이지. 뒤마 선생님의 작품인 《철가면》, 《삼총사》도 그에 못지않게 흥미진진했어. 난 완전히 팬이 되고 말았단다.

어른이 된 다음에도 그 마음은 식지 않았어. 뒤마 선생님에 대한 이야기를 보면 눈이 번쩍 뜨였단다.

뒤마 선생님은 소설가로 크게 성공했어. 무려 250편이 넘는 소설을 썼는데, 쓰는 족족 성공이었다지 뭐야.

'말도 못하게 위대하고 꿈도 못 꾸게 인기 있는 작가'가 된 거야.

너희, 나폴레옹 알지? 그 당시 프랑스 사람들 사이에서 가장 유명한 사람 둘을 꼽으라면 나폴레옹과 뒤마였대. 나폴레옹과 맞먹을 정도였다니 진짜 대단하지'?

돈도 엄청나게 많이 벌었지. 책이 워낙 많이 팔렸거든.

그렇게 큰 부자가 된 뒤마 선생님은 돈을 펑펑 쓰기 시작했어. 자기가 쓴 소설 《몽테크리스토 백작》의 이름을 따서 파리 근교에 거대한 성을 지었는데, 성이 어찌나 화려했던지 어지간한 귀족이며 부자들도 다 혀를 내둘렀대. 성 이름도 '몽테크리스토 별장'이었다나? 뒤마 선생님은 그 별장으로 당시의 예술가들이며 유명인들을 잔뜩 초대해서 날마다 흥청망청 호화로운 파티를 벌였대.

그러니 아무리 돈을 많이 벌어도 소용이 없었겠지. 뒤마 선생님은 늙어서 돈 때문에 고생을 많이 했대. 프랑스를 떠나 외국으로 도망쳐야 할 지경이었다나? 뒤마 선생님은 그렇게 돈을 많이 벌어도, 스스로를 가난하다고 생각했겠지. 늘 돈이 부족했을 테니 말이야.

그러고 보니 뒤마 선생님은 자기 작품 《몽테크리스토 백작》에 나오는 주인공처럼 산 것 같구나. 주인공 앙투안도 토굴에 갇힌 죄수로 살아 보기도 하고 엄청난 부자로 살아 보기도 했거든. 마치 자신의 작품으로 자기 삶을 예언하기라도 한 것 같아. 그렇지?

또 다른 작가 한 명을 소개해 줄게.

강아지똥은 온몸이 비에 맞아 자디잘게 부서졌어요.
부서진 채 땅속으로 스며 들어가 민들레 뿌리로 모여들었어요.
줄기를 타고 올라가 꽃봉오리를 맺었어요.

어떤 동화의 일부분이란다. 혹시 무슨 책인지 알겠니?

그래, 맞아. 권정생 선생님이 쓰신 《강아지똥》이야.

이 책을 처음 읽었을 때 가슴이 뭉클했단다. 누구나 쓸모없다고 여기는 강아지똥이 어여쁜 민들레 꽃을 키워 내는 마지막 장면은 정말 감동적이야.

뭐, 권정생 선생님이 민들레 꽃을 키우기라도 했냐고?

아이참. 그런 뜻이 아니야. 권정생 선생님은 '말도 못하게 위대하고 꿈도 못 꾸게 인기 있는 작가'야. 뒤마 선생님만큼은 아니지만 돈도 많이 벌었지. 그렇다면 권정생 선생님도 몽테크리스토 성처럼 거창한 집에서 살았을까? 왕족처럼 호화로운 옷을 입고?

우리 권정생 선생님 댁으로 한번 가 보자. 뭐, 진짜로 갈 수는 없으니까 일단 사진이라도!

"에이, 위대하고 인기 있는 베스트셀러 작가가 저렇게 다 쓰러져 가는 집에서 살았다고요? 말도 안 돼!"

아냐, 이 사진은 진짜야.

　권정생 선생님은 평생 저렇게 조그맣고 초라한 집에서 살다가 돌아가셨어. 선생님이 살던 마을 교회 종지기 일을 하면서 말이야.

　집만 그런 게 아니었어. 선생님은 낡은 옷을 편하다고 여겼고 소박한 밥상을 진수성찬이라고 생각했대. 책이 잘 팔려 많은 돈을 벌었지만 그 돈의 대부분을 어려운 사람들을 위해 기부하셨지.

　권정생 선생님은 강아지똥처럼 살고 싶으셨나 봐. 화려하지 않고, 거만하지도 않고 그저 묵묵히 다른 생명들과 더불어 살아가는 강아지똥처럼. 흥청망청 물건을 사들이고 요란한 집을 지어 자연에 폐를 끼치기 싫으셨던 거지.

권정생 선생님은 그렇게 살다가 강아지똥 같은 모습으로 돌아가셨어.

원래 작가가 죽고 나면 그 인세는 대부분 가족들에게 유산으로 남기게 마련인데, 권정생 선생님은 달랐어. 선생님은 자신의 인세를 남북한의 어린이들을 위해 써 달라는 유언을 남기셨단다.

나는 권정생 선생님이야말로 세상에서 최고 부자 작가라는 생각이 들어.

통장에 얼마가 들어 있느냐도, 책이 얼마나 많이 팔리느냐도 큰 상관이 없어. 권정생 선생님의 낡은 지갑 안에 들어 있는 돈은 한두 사람만의 것이 아니거든. 선생님의 작품이 많은 사랑을 받는 만큼, 그 돈은 많은 사람의 아픔을 달래 주고 있잖아. 민들레 홀씨처럼 널리 널리 퍼져 나가 세상을 아름답게 하는 돈이잖아.

이런 작가야말로 바로 최고의 부자 작가가 아닐까?

그러니 돈을 버는 것만큼, 돈을 쓰는 데도 훈련이 필요하다는 거야.

산더미 같은 돈 펑펑 쓰는 훈련하기!

이게 '말도 못하게 위대하고 꿈도 못 꾸게 인기 있는 작가'가 되기 위한 다섯 번째 방법이야.

내 지갑 속에만 꽁꽁 숨겨 놓거나 나만을 위해서 얄밉게 돈을 쓴다면 돈이 아무리 많은들 무슨 소용이 있겠어. 그런 사람은 진짜 부자가 아니라 한마디로…… 좀팽이야!

많은 사람의 사랑으로 책을 팔아 돈을 버는 작가는 더욱 그래. 진실한 마음이 담긴 허풍을 쳤으니 어깨는 더욱 무겁지.

어때? 이제 산더미 같은 돈을 어떻게 펑펑 써야 하는지 알겠지?

지금은 쥐꼬리 같은 용돈을 아껴 써야 하는 처지지만, 통 크게 마음먹는 훈련을 해야 해. 그래야 너희가 나중에 진짜 산더미 같은 돈을 버는 작가가 되었을 때, 좀팽이가 아니라 진짜 부자 작가가 될 수 있을 테니까 말이야!

6

왜 쓰는 걸까?

휴우! 이제 거의 다 왔다.

글을 쓴다는 건 자전거 타기와 비슷해.

잘 닦인 호숫가 포장도로를 달리는 건 아니야. 사이좋게 앞뒤로 커플 자전거를 타는 것과도 달라.

혼자서 자전거를 타고 산을 오르는 것과 같단다.

자전거에 올라 고개를 들어 보면 눈부시게 푸른 하늘에 가슴이 부풀어 올라. 한껏 심호흡을 하면 초록빛 공기가 가슴을 가득 채우지. 두 발에 체중을 싣고 페달을 구르면 쑤우욱~ 자전거는 달리기 시작해.

처음 마음과는 달리 자전거로 산을 오르는 건 쉬운 일이 아니야. 숨이 가쁘고 다리가 뻐근하지. 그만 멈추어 버리고 싶은 순간이 오고야 만단다.

그럴 때 고개를 돌려 뒤를 돌아보면 자전거가 올라온 만큼, 딱 그만큼의 멋진 경치가 나를 지켜보고 있을 거야. 그러면 다시 기운을 내어 페달을 밟는 거야.

어느덧 맨 꼭대기에 섰어. 문득 이런 생각이 드네.

나는 대체 왜 여기까지 올라온 걸까?

나는 왜 글을 쓰는 거지? 나는 왜 작가가 된 거지?

제멋대로 답안지

언제부터 글을 쓰고 싶었던 걸까?

나는 아주 어려서부터 작가가 되고 싶었어. 아홉 살? 열 살? 아마도 그 무렵부터였을 거야.

왜 그런 꿈을 갖게 되었을까?

책 읽기를 무척 좋아하기 때문이었을 거야. 또 글을 써서 칭찬을 받고는 으쓱해지기도 했을 테고.

그래서 대학에서는 국어국문학을 공부했어. 문학을 제대로 배우면 작가가 되는 데 도움이 될 것 같았거든.

그런데 대학에서 하는 공부는 별로 재미가 없더라. 어른이 되고 나니 글을 쓰고 싶은 생각도 없어졌어. 수업을 빼먹기 일쑤였지.

솔직히 성적도 형편없었단다. 그렇게 세월이 흘렀어.

그러다 너희 엄마만큼이나 나이를 먹고 난 어느 날, 다시 글을 쓰고 싶어졌어.

책 읽기가 즐거워서도 아니고, 글을 잘 쓴다는 칭찬에 으쓱해져서도 아니었어. 그냥 내 마음 깊은 곳에서 '쓰고 싶다'는 생각이 저절로 솟아난 거였어.

왜 그랬냐고?

그때 나에게는 마음 아픈 일들이 참 많았거든. 아프다고 말하지 못해 입 꼭 다물고 끙끙 앓고 있었거든.

그럴 때 어떤 사람은 노래를 부르고, 어떤 사람은 그림을 그리겠지. 어떤 사람은 곡식을 가꾸며 그런 마음을 털어놓을 테지.

그런데 나는 글을 써서 내 아픈 마음을 털어놓고 싶어졌어. 가만 보니 다른 사람들도 나처럼 가슴에 상처 하나씩 품고 끙끙 앓고 있는 것 같더라고. 나의 아픔을 글로 써서 다른 사람들과 마음을 나누고 싶어졌던 거야. 그러다 보면 세상이 조금씩 따뜻해질 것 같았거든.

그런데 나는 말이야, 어른들하고는 말이 통할 것 같지 않았어. 부끄럽기도 하고 쑥스럽기도 했지.

어쩐지 아이들에게 마음이 갔어. 아이들은 내 이야기에 귀 기울여 줄 것 같았어. 나도 아이들의 이야기를 듣고 싶었고.

그래서 아이들을 위한 글을 쓰게 되었어.

게다가 나는 본래 집 밖에 나가는 걸 별로 좋아하지 않는 편이야. 방에 콕 틀어박혀서 혼자 뭔가를 하고 있는 게 좋거든.

게을러서 세수하는 것도 귀찮아하고, 사흘 정도 머리를 안 감으면 마음이 편해져.

성격도 까다로워서 한번 토라지면 잘 풀어지지도 않아. 싫은 사람에게는 아주 못되게 굴기도 하지.

그런데 작가가 되면 이 모든 게 별로 상관이 없거든. 혼자 틀어박혀서 글을 쓰는 거니까 뭘 입든, 성격이 어떻든, 세수를 하든 안 하든 다 괜찮은 거야.

어쩌면 내가 작가가 된 진짜 이유는 바로 이것인지도 몰라.

히히. 이게 나만의 정답이야.

그렇다면 다른 작가들은 어떻게 생각할까?

흠! 배고픈 건 참아도 궁금한 건 못 참지! 좋아. 직접 물어봐야겠다.

김기정
《바나나가 뭐예유?》와 《해를 삼킨 아이들》, 《명탐정 두덕씨》라는 책으로 어린이들에게 개뻥을 쳤으며 더 굉장한 허풍을 준비하며 혼자 비실비실 웃고 있다.

우리가 살아가는 현실은 너무 답답해요. 그렇지만 글을 쓸 때는 자유롭잖아요. 할 수 없는 일, 해서는 안 되는 수많은 일을 이야기 속에서는 마음껏 해 볼 수 있잖아요. 그중에서도 동화는 더 그래요. 그뿐인가요? 현실적으로 부족한 점이 있어도 작가가 되면 대충 용서받는 경우가 많아요. 예를 들어 책상 위를 엉망으로 해 놓고 살아도 사람들은 이렇게 말한다니까요.
"어머, 역시 작가는 달라!"

박효미

엉뚱한 상상에 빠져 우당탕탕 사고 치면서 《일기 도서관》과 《블랙아웃》을 썼고, 머릿속 공상 창고에 그득한 이야기들을 꺼내 오느라 오늘도 허둥지둥!

김양미
《찐찐군과 두빵두》와 《풍선 세 개》를 썼고, 조그맣고 빨간 수첩에 재미난 이야기를 차곡차곡 모으고 있다.

내 가슴 속에서 제멋대로 자라고 늘어나고
새끼 치고 꽃 피고 열매 맺고 알 까고 울고 웃고 슬프고
아프고 그리워하고 미워하고 사랑하고 빼앗고 달리고 나누고
잠자고 걷고 만나고 헤어지고 행복해 하는…….
그런 이야기들을 덜어 내지 않으면 가슴이 답답하고 숨이 막혀요.
그런데 참 이상한 게, 이야기를 쓰기 시작하면서 가슴이 시원해졌어요.
이야기 하나를 꺼내 놓으면 가슴이 후련하고 시간이 지나면 다시 가슴이
답답해져 또 다른 이야기를 꺼내 놓을 때라는 걸 알게 되죠. 그래서
작가가 되었어요. 작가가 되면 원하는 이야기를 마음껏 꺼내 놓을 수
있잖아요. 이제 나는 죽기 전에 가슴에 품은 모든 이야기를 내놓고
빈 가슴으로 시원하게 죽을 수 있을 것 같아요.

김남중
자전거를 타다 말고 《불량한 자전거 여행》과 《나는 바람이다》 등을 썼고 차력 쇼를 하는 틈틈이 작은 방에 틀어박혀 이야기 세상에서 아이들과 함께 달린다.

히히. 생긴 모습이 저마다 다르듯 대답도 제각각이구나. 그야말로 제멋대로 답안지야.

자, 여기에다 너의 답안지를 덧붙이면 어떨까?

조금 어려운 질문일 수 있겠지만 곰곰 생각해 보렴.

억지로 쓰는 일기나 글짓기가 아니라 네 마음에서 우러나는 글을 쓸 때 너는 어떤 기분을 느끼니? 글쓰기는 너에게 어떤 즐거움을 주니? 그 순간 너는 그림을 그리거나 노래를 부르거나 바깥으로 달려 나가지 않고, 왜 글을 쓰고 있니?

왜 작가가 되고 싶은 거야?

근데, 작가가 대체 뭐지?

작가, 작가, 작가…… 그런데 작가가 대체 뭐지? 잠깐, 국어사전에서 '작가'라는 말을 찾아보니 이런 설명이 나오네.

"작가란 인간의 언어를 사용해서 소설, 희곡, 시, 시나리오, 동화, 수필 등 맥락이 있는 새로운 글을 짓는 사람을 일컫는 말이다. 저자 또는 글쓴이라고도 한다."

간단히 말하자면, 작가란 '어떤' 글을 써서 '무언가'를 만들어 내는 사람이야. 우선, 어떤 글이냐에 따라 크게 두 가지로 나눌 수 있어. 사실을 그대로를 쓴 글이 있고 꾸며 낸 이야기가 있지.

예를 들면 《이상한 나라의 앨리스》라거나 《몽실 언니》 같은 동화는 사실이 아닌 이야기를 꾸며서 쓴 글이잖아. 《토지》라는 소설이나 연극 〈지하철 1호선〉을 위한 희곡이나, 영화 〈명량〉을 위한 시

나리오도 그렇지. 드라마 〈시그널〉을 위한 극본도 그래. 모두 꾸며 쓴 이야기야.

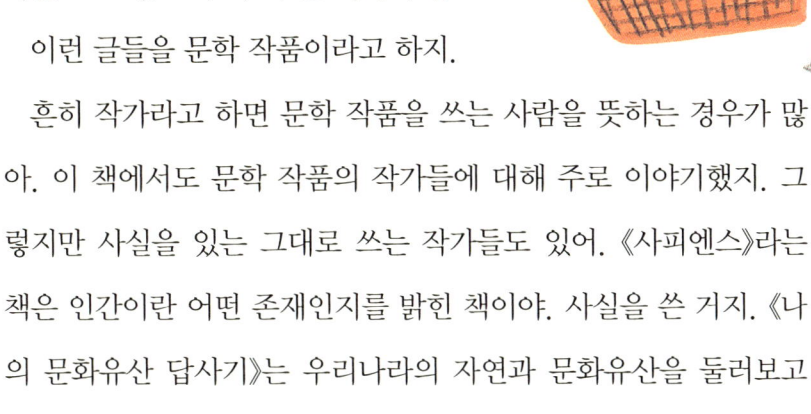

이런 글들을 문학 작품이라고 하지.

흔히 작가라고 하면 문학 작품을 쓰는 사람을 뜻하는 경우가 많아. 이 책에서도 문학 작품의 작가들에 대해 주로 이야기했지. 그렇지만 사실을 있는 그대로 쓰는 작가들도 있어. 《사피엔스》라는 책은 인간이란 어떤 존재인지를 밝힌 책이야. 사실을 쓴 거지. 《나의 문화유산 답사기》는 우리나라의 자연과 문화유산을 둘러보고 감상을 적은 책이고. 하지만 어떤 책이든, 그 작가의 생각과 마음이 담겨 있다는 점은 같아.

작가는 자신의 생각과 마음을 글로 쓰는 사람이야. 그런데 사람마다 자신의 생각과 마음을 담은 그릇의 모양이 조금씩 다르단다. 꾸며 쓴 이야기 그릇이 잘 맞는 작가가 있고, 사실대로 쓰는 그릇이 어울리는 작가도 있어. 문자로 표현해서 책으로 만드는 그릇을 잘 쓰는 작가도 있고, 배우나 연출가와 함께 공연이라는 그릇을 만드는 게 좋다는 작가도 있는 거야.

그렇다면 너는 어때? 어떤 그릇이 좋아? 다양한 글을 읽고 공연을 보기도 하면서 너에게 잘 맞는 그릇을 찾아보렴.

닫는 글

정말 축하해

지금은 내가 놀아야 할 시간…… 아니, 아니지. 다시…… 흠흠! 지금은 우리가 헤어져야 할 시간 다음에 또 만나요~~

나는 글을 쓰면서 이 시간이 가장 즐겁단다. 이제 마지막 마침표를 찍으면 한 편의 글이 완성! 친구도 만나고 영화도 보고 뒹굴뒹굴 만화책도 읽고…… 글을 쓰는 동안 미뤄 둔 만큼 실컷 놀 거야!

그렇지만 한편으로는…… 아쉽기도 해.

너희와 함께 '말도 못하게 위대하고 꿈도 못 꾸게 인기 있는 작가'가 되는 법을 찾아다니는 시간이 무척 즐거웠거든. 뜻밖의 새로운 사실을 알게 되기도 했고, 나도 모르던 내 마음과 생각을 깨닫기도 했거든.

너희는 어때?

이제 '말도 못하게 위대하고 꿈도 못 꾸게 인기 있는 작가'가 되는 법을 알게 되었니?

뭐? 모르겠다고?

이런! 지금까지 무려 다섯 가지의 방법을 가르쳐 주었는데 아직 모른다는 게 말이 되니?

'말도 못하게 위대하고 꿈도 못 꾸게 인기 있는 작가'가 되는 것쯤이야 찬밥을 물에 말아 먹는 일처럼 쉬운 일이지. 그렇지만 이 다섯 가지 방법보다 간단하고, 또 중요한 게 있어.

그건 바로 너의 마음이야.

어려서부터 뛰어난 글재주가 있어야만 글을 쓸 수 있는 건 아니야. 모두가 깜짝 놀랄 만한 상상력이 있어야만 작가가 되는 것도 아니지. 거창하게 문학이나 글쓰기를 공부해야만 좋은 글을 쓰는 것도 아니고.

지금까지 우리가 함께 엿본 위대하고 인기 있는 작가들처럼, 너에게도 나에게도 가장 중요한 것은 마음이란다.

무언가를 얘기하고 싶은 마음, 무언가를 쓰고 싶은 마음.

그런 마음이 바로 '말도 못하게 위대하고 꿈도 못 꾸게 인기 있는 작가'가 되는 첫걸음이지.

네가 살아가면서 보고 듣고 겪는 그 모든 일은 네 마음의 샘물이 될 거야. 슬픈 일도 기쁜 일도 그리운 일도 두려운 일도…… 네 마음에 참방참방 고이게 될 거야.

그러다 어느 날 샘물이 넘치면 너는 강으로, 바다로 뻗어 나가는 이야기를 쓸 테지. 가슴속 이야기를 풀어 놓으면서 세상 무엇에도 비할 수 없는 즐거움을 느낄 거야.

그러다 보면 어느새 작가가 되어 또 다른 너를 만나는 기쁨을 누릴 수 있을지도 몰라.

이쯤에서 나한테 고맙다는 인사를 해야 하는 거 아니니?

아, 마음속으로 그렇게 말하고 있다고?

그러면 그렇지!

우리, 마음이 통한 거로구나! 나도 마침 너에게 고맙다는 말을 하려던 참이었어.

지금까지 나의 이야기를 들어준 친구들, 모두 고마워!

너와 나는 단 한 번도 만난 적이 없지만 이 한 권의 책을 통해서 친구가 되었어. 이 순간 너와 나는 아주 먼 곳에 있지만 마음은 함께 있는 거야.

글이라는 건 이렇게 놀라운 기적이란다.

'말도 못하게 위대하고 꿈도 못 꾸게 인기 있는 작가'가 될 나의 친구들, 행운을 빌어 줄게!
　너희도 나에게 그렇게 해 줄 거지?
　우리, 세상에서 가장 재미있고 신나고 코끝 찡하고 가슴 뭉클한 이야기로 다시 만나자!
　그럼, 이제 모두 안녕!

내가 하고 싶은 일, 작가

1판 1쇄 발행일 2016년 8월 29일
1판 5쇄 발행일 2024년 6월 10일

지은이 이현
그린이 김고은

발행인 김학원
발행처 휴먼어린이
출판등록 제313-2006-000161호(2006년 7월 31일)
주소 (03991) 서울시 마포구 동교로23길 76(연남동)
전화 02-335-4422 **팩스** 02-334-3427
저자·독자 서비스 humanist@humanistbooks.com
홈페이지 www.humanistbooks.com
유튜브 youtube.com/user/humanistma **포스트** post.naver.com/hmcv
페이스북 facebook.com/hmcv2001 **인스타그램** @human_kids
편집 박민영 **디자인** 유주현 디자인시
용지 화인페이퍼 **인쇄** 삼조인쇄 **제본** 해피문화사

ⓒ 이현, 2016

ISBN 978-89-6591-314-6 73800

- 이 책은 저작권법에 따라 보호받는 저작물이므로 무단 전재와 무단 복제를 금합니다.
- 이 책의 전부 또는 일부를 이용하려면 반드시 지작권자와 휴민이권이 출판시의 동의를 받아야 합니다.
- **사용 연령 8세 이상** 종이에 베이거나 긁히지 않도록 조심하세요. 책 모서리가 날카로우니 던지거나 떨어뜨리지 마세요.